United Nations
Educational, Scientific and
Cultural Organization

The Archives of Suzhou Silk
from Modern and Contemporary
Inscribed on the Register in 2017
Memory of the World

联合国
教育科学及
文化组织

近现代中国苏州丝绸档案
2017年入选
世界记忆名录

发展中的世界记忆

FAZHAN ZHONG DE SHIJIE JIYI

主　　编　卜鉴民
副 主 编　谢　静　吴　芳　陈　鑫
执行副主编　赵　颖　栾清照
参编人员　苏　锦　姜　楠　程　骥
　　　　　杨　韫　张文博

苏州大学出版社
Soochow University Press

图书在版编目(CIP)数据

发展中的世界记忆/卜鉴民主编. —苏州：苏州大学出版社，2020.10
 ISBN 978-7-5672-3367-6

Ⅰ.①发… Ⅱ.①卜… Ⅲ.①文化遗产-研究-世界 Ⅳ.①K103

中国版本图书馆 CIP 数据核字(2020)第 205088 号

发展中的世界记忆

卜鉴民　主编

责任编辑　王　亮

苏州大学出版社出版发行
(地址：苏州市十梓街1号　邮编：215006)
苏州工业园区美柯乐制版印务有限责任公司印装
(地址：苏州工业园区娄葑镇东兴路7-1号　邮编：215021)

开本 700 mm×1 000 mm　1/16　印张 14.5　字数 175 千
2020 年 10 月第 1 版　2020 年 10 月第 1 次印刷
ISBN 978-7-5672-3367-6　定价：58.00 元

若有印装错误，本社负责调换
苏州大学出版社营销部　电话：0512-67481020
苏州大学出版社网址　http://www.sudapress.com
苏州大学出版社邮箱　sdcbs@suda.edu.cn

序 一[①]

非常高兴能与大家相遇在美丽的苏州，共同参加"发展中的世界记忆"国际学术研讨会及名录申报培训班，我谨代表国家档案局和李明华局长向各位中外来宾表示诚挚的问候和热烈的欢迎！

本次活动是由国家档案局主办、世界记忆项目苏州学术中心承办的。会议邀请国内外世界记忆项目专家和世界记忆项目学术中心代表，已申报名录的档案馆、图书馆和博物馆代表，已入选《世界记忆名录》和《世界记忆亚太地区名录》的单位代表参会，目的就是总结世界记忆项目成果、汇聚各方的经验和智慧，继而展望世界记忆项目的发展，尤其是在中国的发展。同时我们还邀请了国内外世界记忆专家为拟申报名录的单位代表做培训，帮助大家更深入地了解和掌握名录申报要求和注意事项，让更多有价值、具有世界意义的文献遗产和文化宝藏能够有机会入选名录，让更多的中华文明瑰宝能够得到宣传和展示。

中国一直积极支持和参与联合国教科文组织世界记忆项目，1996年成立了世界记忆项目中国国家委员会，国家档案局被指定为世界记忆项目牵头单位。2000年，我们建立了《中国档案文献遗产名录》，是世界上第一个建立国家名录的国家。截至目前，我国

[①] 本序改编自作者于2019年8月7日在"发展中的世界记忆"国际学术研讨会上的致辞。

已有 13 个项目入选《世界记忆名录》，12 个项目入选《世界记忆亚太地区名录》，142 个项目入选《中国档案文献遗产名录》。从今年起，我们还将启动第五批《中国档案文献遗产名录》申报评定工作，并从中筛选具有世界意义的文献遗产，建立世界记忆名录候选名单。此外，我们还启动了将具有世界意义的文献遗产项目列入权威的《中国大百科全书》的工作。

　　世界记忆项目的实施给了我们很多启示，值得我们进一步思考。第一，世界记忆项目是一项跨学科的工程，档案学、历史学、文献学专家彼此交流合作，对中国档案文献遗产进行鉴定，共同研究档案事务，有力地推动了档案事业发展。第二，档案部门可以利用馆藏开展申报，也可以根据当地历史文化特点，主动收集、整理、组织相关主题文献进行申报，这些举措有利于档案部门"走出去，请进来"，开展更广泛的合作。第三，世界记忆项目给我们提供了一个与其他国家和地区的记忆遗产保存单位开展交流与合作的平台，我们可以通过开展相关主题的联合申报项目，共同研究有关历史，促进相互理解。第四，世界记忆项目给我们提供了一种宣传档案工作、宣传中国悠久历史文明的好的形式和契机。世界记忆项目的宗旨是加强对人类文献遗产的保护，促进文献遗产的利用，提高全社会对文献遗产重要性的认识，从而保护全人类的记忆，促进知识社会的建立。

　　世界记忆项目国际咨询委员会教育和研究分委会通过鼓励并支持建立世界记忆项目学术中心网络，来推动历史遗产的教育与研究，提高全社会对文献遗产保护和利用的深度认识，开展以文献档案研究和教育为目的的交流和学术合作活动，促进与教科文组织其他遗产项目之间的合作。中国积极响应这一倡议，2016 年 11 月在澳门城市大学成立了澳门学术中心，2017年7月在中国人民大学成立了北京学术中心，2018年11月在福建省档案馆成立了福建学术中心、在苏州市档案局成立了苏州学术中心。各学术中心将协助世界记忆项目中国国家委员会和世界记忆项目教育和研究分委会，在中国推广世界记忆项目，收集和保存与世界记忆项目相关的各类文献。同时，各学术中心还将探讨文献遗产保护、修复和数字化的研究方法，收集最佳实践范例，并寻求与联合国教科文组织其他世界遗产项目的协同合作及开展科研、培训等活动。各学术中心的成立将有利于世界记忆项目在中国，特别是在中国年轻一代的推广和宣传，以吸引更多的有识之士投身世界记忆项目的研究。

今天下午，包括韩国学术中心在内的五个世界记忆项目学术中心将在苏州召开第一次工作会议，共同探讨未来合作方式以及如何利用学术中心网络助力世界记忆项目的发展。

文化是国家和民族兴旺发达的重要支撑和基本内容，没有文化发展，便没有国家和民族的兴盛。习近平总书记曾指出，一个国家、一个民族的强盛，总是以文化兴盛为支撑的，中华民族伟大复兴需要以中华文化发展繁荣为条件。中华文化历史悠久，积淀深厚，博大精深，源远流长。上下五千年，无论是物质层面还是精神层面，都给世人留下了难以磨灭的记忆。民族的文明进步，国家的发展壮大需要一代又一代的文化积淀、薪火相传与发展创新。档案和文献遗产都是文化传播与传承的重要载体，在推动社会文化繁荣兴盛中发挥着至关重要的作用。做好世界记忆项目相关工作，不仅有利于促进中国档案文献遗产的保护和利用，而且有利于挖掘中华民族优秀文化中丰富的内涵，展示中华文化的独特魅力，增强文化自信，让中国文献遗产中的精粹在世界文明中留下永恒的印记。这也是时代赋予我们的光荣使命!

  女士们、先生们、朋友们,这次会议的举办将为各国专家和学者提供一个相互交流、碰撞思想、共同展望、推进合作的平台,希望在座各位畅所欲言,发表真知灼见,为档案文献遗产如何更好地传承文明、延续历史,贡献更多智慧和力量。在此,我还要特别感谢为此次研讨会精心准备发言的各位报告人,感谢远道而来的各位专家学者,感谢苏州市政府,感谢为此次会议顺利召开做出贡献的所有工作人员和志愿者。谢谢大家!最后,预祝此次会议取得圆满成功。

国家档案局副局长　王绍忠
2019 年 8 月

序 二[①]

非常高兴今天我们在美丽的金鸡湖畔召开"发展中的世界记忆"国际学术研讨会。首先,我代表苏州市人民政府,代表李亚平市长,对会议的召开表示祝贺,对远道而来的各位来宾表示热烈的欢迎!同时,也对长期以来关心支持苏州经济社会发展的各位领导、各位专家表示衷心的感谢!

苏州是国家历史文化名城,也是长三角区域重要的中心城市。苏州历史悠久,人文底蕴深厚,经济繁荣,素有"人间天堂"的美誉。苏州的古城始建于公元前514年,至今已经有2 500多年的历史,特别是我们苏州古城的遗址,在2 500多年中没有发生过变化,依然是春秋时期的原址。苏州有2项世界文化遗产、6项人类口述与非物质文化遗产和1项世界记忆遗产,是全球首个世界遗产典范城市。苏州是中国吴文化的发祥地和集大成者,直到今天苏州仍然将"崇文"作为城市精神的内核。近年来我们苏州的经济也在快速地发展。2018年,全市地区生产总值1.86万亿元,位居全国各大城市的第7位;实现一般公共预算收入2 120亿元,位居全国的第5位。崇文重史的优良传统、丰富多彩的文化遗存、强劲有力的经

[①] 本序改编自作者于2019年8月7日在"发展中的世界记忆"国际学术研讨会上的致辞。

济社会发展，为档案工作提供了丰厚的土壤，注入了新的活力。

苏州市历来十分重视档案文献遗产事业的发展，苏州市档案馆连续两次被评为"全国档案系统先进集体"，特别是我们的《苏州年鉴》，连续3届获得全国年鉴编纂出版质量评比的特等奖。2017年10月，我市"近现代中国苏州丝绸档案"成功入选《世界记忆名录》，是中国唯一由地市级档案部门单独申报并入选的档案文献。2018年11月，世界记忆项目苏州学术中心在苏州市档案馆揭牌，为我市文化事业和档案文献事业的发展增添了浓墨重彩的一笔，是苏州档案文献事业迈上国际舞台的里程碑。一年来，苏州学术中心围绕文献遗产的保护、开发和世界记忆项目的宣传、推广做了大量富有成效的工作。

档案是历史的记忆，是连接人类社会过去、现在和未来的纽带，在历史文化、人类记忆的存续过程中有着不可替代的独特作用。这次研讨会邀请了联合国教科文组织世界记忆项目国际咨询委员会的委员和国内外档案文献领域的著名专家学者，为我们搭建了一个增进交流、取长补短的平台。我们将认真学习、借鉴国内外的先进经验和成功做法，强化世界记忆项目苏州学术中心的职能与作用，与各学术中心加强交流合作，共同为世界记忆项目的开展、为人类记忆的保护和人类文明的传承做出更大的贡献。

最后，预祝研讨会取得圆满成功！也祝各位领导、各位专家在苏州期间工作顺利、身体健康！谢谢大家！

苏州市副市长　王飏

2019年8月

前　言

近年来，苏州档案部门立足馆藏档案，深入挖掘、研究馆藏特色档案，取得了丰硕的成果。2016年和2017年，近现代中国苏州丝绸档案分别入选联合国教科文组织《世界记忆亚太地区名录》和《世界记忆名录》。2018年，世界记忆项目苏州学术中心正式成立。苏州档案人以一个个实际行动支持世界记忆项目，为档案文献遗产的保护和开发利用提供实践范例。

2016年11月、2018年11月、2019年8月，苏州分别举行了"世界记忆项目与地方档案事业发展"主题研讨会、"世界记忆项目在中国"国际学术研讨会、"发展中的世界记忆"国际学术研讨会。以"世界记忆项目"为主题的国际会议的一次次召开，体现了国内外学术界对文献遗产的重视，也见证了世界记忆项目的发展。2016年会议召开之时，全球共有348份文献遗产列入了《世界记忆名录》；2019年国际会议举行之际，《世界记忆名录》里又增加了很多新成员，已有429份文献遗产被收录其中。鲜活的数据表明人们为保护文献遗产做出了卓有成效的努力，世界记忆项目发展得有声有色。

本书作为2019年"发展中的世界记忆"国际学术研讨会的重要成果，经世界记忆项目苏州学术中心工作人员的修改、完善，终于在一年后得以付梓。研讨会上，来自联合国教科文组织世界记忆项目国际咨询委员会的专家、国内外档案文献遗产领域学者、知名院校教授、档案馆一线工作人员等紧扣"发展"主题,以最前沿的专业视角进行了激烈的学术交锋,他们的成果悉数收于书中。

本书按照内容分为"世界记忆中外比较研究""世界记忆项目与学术中心""世界记忆的宣传推广""入选名录的文献遗产"4个篇章,无论是中韩、中德文献遗产的对比研究,韩国、苏州学术中心的实践探讨,还是多个入选名录的文献遗产的推广传播,都展示了世界记忆项目的良好发展态势,档案文献遗产保护与传承效果显著。集结这些交流论文出版,旨在分享各国、各地区在保护世界记忆、传承人类文明过程中的经验得失,促进世界记忆项目的进一步发展。

文献遗产积淀着久远的岁月痕迹,记录着民族的文化基因,是人类共同的文化财富。我们庆幸有429项文献遗产已经受到重视,但深知仍有许多宝贵的文献遗产需要去挖掘、去抢救、去保护、去传承,世界记忆项目的发展还有很长的路要走。希望本书能够为世界记忆项目的发展提供动力,助力世界记忆项目向着更美好的明天继续前行!

苏州市档案馆副馆长　卜鉴民

2020年8月

目　录

世界记忆中外比较研究

- 非物质文化遗产保护视野下的中韩手工纸造纸术
  发展与传承的比较研究 ……………………… 张美芳　003
- "和合"思想视角下中德入选《世界记忆名录》
  文献遗产对比分析 ……… 姜　楠　陈　鑫　卜鉴民　022

世界记忆项目与学术中心

- 世界记忆项目的未来和世界记忆项目韩国学术
  中心的作用 ……………………………………… 李相虎　053

世界记忆的宣传推广

- 世界记忆项目：在教育和研究方面的进一步发展
  ………………………………………… 洛塔尔·乔丹　071
- 从"知网"数据看世界记忆项目在中国的发展与
  传播 …………………………………………… 张轶哲　077
- 世界记忆遗产开发利用与宣传推广
  ——以侨批档案为例 ……………… 马俊凡　郑宗伟　089

- 云南档案文献遗产申报工作的思考
  .... 和丽琨　段俐娟　097
- 做有温度的传播者
  ——苏州市档案馆文献遗产教育的做法和感想
  .... 谢　静　107
- "南京大屠杀档案"申遗成功后的南京大屠杀史实传播与教育 .... 李　宁　夏　蓓　118

入选名录的文献遗产

- 甲骨文
  ——世界记忆名录中的古典文献遗产 .... 宋镇豪　129
- 国家图书馆馆藏元刻本《黄帝内经》
  .... 李文洁　李　坚　147
- 国家图书馆馆藏清代样式雷图档考略 .... 白鸿叶　153
- 近现代苏州丝绸档案整理研究 .... 乐　苑　173

附　录 190

后　记 219

世界记忆中外比较研究

非物质文化遗产保护视野下的中韩手工纸造纸术发展与传承的比较研究[①]

张美芳

在社会发展和人类文明的进程中,历史留给了人类丰富的非物质文化遗产。然而,在全球一体化的大背景下,现代工业、交通、媒体的迅猛发展加快了文化趋同性的脚步,人们创造新文化的同时也消解着历史留下来的珍贵文化遗产。为了避免文化生态平衡遭到破坏,人们逐渐开始重视非物质文化遗产的保护工作。"非物质文化遗产保护"指采取措施从而确保非物质文化遗产的生命力,包括这种遗产各个方面的确认、立档、研究、保存、保护、宣传、弘扬、传承和振兴。非物质文化遗产传承有两种形式:一种是自然性传承,是通过个体之间的"口传身授"方式来完成的,这种方式往往会因社会、经济、文化以及个体的变迁而受到制约;另一种是社会干预性传承,主要是通过制定相应的法律、提供技术服务或指导、采取行政措施、给予财政资助等,建立传承人培养制度,保障传承活动的实现,促进特定非物质文化遗产的传承。

中国和韩国都是多民族的国家,悠久的历史和灿烂的古代文明为两国留下了极其丰富的文化遗产。中韩两国非物质文化遗产所具

---

① 本研究得到"边疆民族地区濒危少数民族档案文献遗产保护及数据库建设(项目批准号 17ZDA294)"项目基金资助。

有的同源性,决定了对非物质文化遗产保护有其相似性,但在具体传承和保护非物质文化遗产实践过程中,各自又有其特点,积累了不同的经验。对中韩两国非物质文化遗产保护进行比较研究,目的是相互借鉴、取长补短,以促进国家之间的文化交流与合作。

一、中韩非物质文化遗产保护的比较

从20世纪80年代开始,中国和韩国就分别正式开始了保护非物质文化遗产的理论研究和实践工作。时至今日,两个国家已经积累了丰富的保护经验。虽然由于自然条件、社会环境和人文条件各有不同,各国的非物质文化遗产保护方法也有所区别,但是基本的保护理念和实践原则皆有共性可循,并已经形成了一些国际性的、普遍认可和实行的保护规律。

中华人民共和国成立以来,特别是近年来,中国在结束对非物质文化遗产普查后,公布了1 028项国家级名录和4 315项省级名录;评定并公布了3批共1 488名国家级"非遗"项目代表性传承人,5 590名省级传承人;相继设立了闽南、徽州、热贡、羌族4个文化生态保护实验区,兴建了一批非物质文化遗产博物馆、传习所。

经过政府、组织和民间40年的努力,韩国的民族民间文化得到了全面保护和振兴。目前,韩国拥有国家级无形文化财100多种,地方级无形文化财200多种,很大一批民族民间艺术被国家认定为重要无形文化财,并使它们在保护过程中得到传承。如今,韩国已经有多项非物质文化遗产被列入联合国教科文组织《人类口头和非物质文化遗产代表作名录》,这无疑是韩国重视非物质文化遗产保护的结果。在韩国，除了其政府之外，组织团体、社会公众都非常重视对非物质文化遗产的保护。为此，国家制定了一系列制度、奖励办法推动非物质文化遗产的保护。

（一）中韩保护非物质文化遗产机构设置

保护非物质文化遗产必须有相应的机构，这是保护非物质文化遗产重要的组织保证。从中国、韩国的情况来看，它们一开始就非常注意机构的设置并在实践中不断完善。

初步估计，中国非物质文化遗产保护机构约有2 200个，从业人员达到了2万多人。根据《国务院办公厅关于印发文化部主要职责内设机构和人员编制规定的通知》，2009年3月，文化部非物质文化遗产司正式独立运行，内设3个职能处室。截至2019年上半年，北京、吉林、黑龙江、江苏、浙江、安徽、河南、广东、贵州、云南、新疆11个省（区、市）文化厅（局）单独设立了非物质文化遗产处（室），并增加了人员编制。除西藏自治区外，全国30个省（区、市）已经当地编办批准，设立省级非物质文化遗产保护中心，其中河北、山西、内蒙古、四川、浙江、广西6个省区成立了独立的省级非物质文化遗产保护中心，落实了人员编制，配备了专门的工作人员。大部分地（市）、县（州）级的非物质文化遗产保护工作机构也已基本建立，非物质文化遗产保护机构建设正在逐步加强。中国非物质文化遗产保护中心是经中央机构编制委员会办公室批准成立的国家级非物质文化遗产保护的专业机构，承担着全国非物质文化遗产保护的相关具体工作，履行非物质文化遗产保护工作的政策咨询、普查工作、理论研究，举办学术研讨会、展览（演）及公益活动等。而对于县级及县级以下单位，尤其是边远地区少数民族非物质文化遗产保护，保护制度、保护机构、保护活动的可持续性等都存在漏洞或缺失。

为落实对文化遗产的法律保护，1962年3月，韩国成立了隶属于韩国文化财厅（相当于中国国家文物局）的文化财委员会，委员会下设有形文化财、无形文化财等8个分课，各分课均由各文化财保护团体、大学、研究机构的专家组成。除专职专家外，韩国政府还聘请了180名各界文化财专门委员。一旦发现值得保护的文化项目，委员们便会提出报告，经过论证后将该项目确立为国家重点保护项目。同时，这些专家学者负责定期对文化财进行审议，为此还专门设立了研究机构——韩国文化财研究所。

（二）非物质文化遗产保护的法律模式

1997年，中国国务院出台《传统工艺美术保护条例》；2000年、2002年，云南和贵州先后颁布了《民族民间传统文化保护条例》等地方性法规。2002年8月，《民族民间文化保护法》的建议稿出台，后该法名称改为《非物质文化遗产保护法》。全国人大教科文卫委员会还成立了民族民间传统文化保护立法专门小组，协调各方加快该部法律的立法进程；中国于2004年8月加入《保护非物质文化遗产公约》；2005年3月，国务院颁发了《关于加强我国非物质文化遗产保护工作的意见》，这是国家最高行政机关首次就我国非物质文化遗产保护工作发布的权威指导意见；《中华人民共和国非物质文化遗产法》（以下简称"非遗法"）于2011年6月1日起正式实施，是目前保护非物质文化遗产的法律依据。

20世纪60年代，随着韩国工业化、现代化进程的加快以及西化思潮的汹涌而来，韩国的民族民间文化受到了前所未有的严重冲击。在一大批民俗文化学者的积极倡导和参与下，韩国《文化财保护法》于1962年1月出台。韩国的《文化财保护法》涉及四项文化财：一是有形文化财，它是指具有重大历史和艺术价值的建筑物、典籍、书籍、古文件、绘画、工艺品等有形的文化遗产；二是无形文化财，它是指具有重大历史、艺术和学术价值的戏剧、音乐、舞蹈、工艺、技术等无形的文化遗产；三是纪念物，它包括具有重大历史和学术价值的寺址、陵墓、圣地、宫址、窑址、遗物埋藏地等历史遗迹地，此外，还包括动物（包括栖息地、繁殖地）、植物、矿物、洞窟、地质及特别的自然现象；四是民俗资料，它包括衣、食、住、职业、信仰等民俗活动，以及进行有关活动时的服装、器具、房屋等。《文化财保护法》中根据价值的大小将无形文化财划分为不同的等级。通过对民俗文化财产展开大量的调查，1964年韩国启动了"人间国宝"工程。韩国拥有国家级无形文化财100多种，地方级无形文化财200多种。很大一批民族民间艺术被国家认定为重要无形文化财，并在保护过程中得到传承。

人类有意识地保护文化遗产的历史也只有200多年，中韩等东方国家把非物质文化遗产作为一种单独的文化现象加以保护，尤其近15年，非物质文化遗产的保护越来越受到中国和韩国政府、民众的重视，两国自上而下成立了不同的机构和保护组织，这些机构和组织为有效推动和实施遗产保护起到了非常大的作用。

二、非物质文化遗产保护对手工造纸术传承的推进

非物质文化遗产保护需要政府的支持，同时需要充分调动非物质文化遗产发源地的组织、团体或者传承人的积极性，使非物质文

化遗产实现活态传承。在非物质文化遗产保护的推动下,手工纸造纸术在中韩两国分别开展了申遗和各项保护活动。中国宣纸造纸术等和韩国手工纸工艺分别被列为两个国家的非物质文化遗产,即造纸术已经得到国家的确认。在政府主导下,中国和韩国制定了手工纸造纸术传承人制度和认定标准,并先后对不同地区的手工纸造纸术传承人进行认定。

表1和表2分别是中国、韩国近些年来有关手工纸造纸术申报文化遗产的汇总[1]。从表中的具体内容可以看出,中韩对手工纸造纸术申遗的积极性越来越高,越来越多的手工纸制作技艺被列为文化遗产,由此也说明手工造纸的文化遗产特性。

表1 中国手工竹纸申遗情况

省份	造纸地区	代表纸名	遗产级别(入选年份)
浙江	富阳市(现富阳区)	富春竹纸	国家(2006)
	温州市泽雅镇	泽雅屏纸	省(2007)
	瑞安市湖岭镇	湖岭屏纸	市(温州,2008)
	瑞安市芳庄乡	芳庄屏纸	市(瑞安,2008)
	奉化市(现奉化区)	棠云竹纸	省(2016)
福建	将乐县	将乐竹纸	国家(2008)
	连城县	连史纸	省(2007)
四川	夹江县	夹江竹纸	国家(2006)
江西	铅山县	连四纸	国家(2006)
	奉新县	奉新土纸	省(2006)
湖南	邵阳县	滩头土纸	省(2011)

表2 属于文化遗产的韩国手工纸造纸厂[2]

厂家	手工纸种类	遗产号	情况
Jang Ji Bang	19 种以上	No. 16	第三代
Dangu Je ji	7 种以上	No. 17	第三代
Mungyeong Jeontong	25 种	No. 23-Na	50 年造纸经验
Cheongsong Jeontong	2 种以上	No. 23-ga	—
Cheongung	4 种以上	No. 35	被称为最好韩纸
Goyu	—	No. 117	最早韩纸

为了更好地保护和传承韩纸造纸技艺，韩国国内设有多座有关韩纸的博物馆，全州韩纸博物馆、元洲韩纸主题公园等都是展示传统韩纸造纸技艺的机构。此外，在首尔的北村韩屋、全州的韩屋空间等韩国传统文化观光景点，也有专门展示韩纸造纸技艺的展厅。通过展示和互动，这些机构成为韩纸造纸工艺保护和传承的堡垒，在普及和传播韩纸造纸工艺知识方面起到了重要的作用。

全州韩纸博物馆收藏着同纸张相关联的1 800多件历史遗物及材料，每年都举办主题多样的特别展览会，展出物品包括700多件纸制工艺品、230多部古代文书著作、90多种不同纸张以及韩纸制造工具等。全州韩纸博物馆可谓韩国国内造纸行业的先锋，运营着生产新闻用纸和出版用纸的全州纸业。在这里可以领略韩国传统韩纸文化以及现代生活中所使用的韩纸。

在韩国，韩纸匠被政府认定为"第117号重要无形文化财"，这些掌握韩纸制作工艺的匠人也成为保护传统工艺的重要力量。槐山的韩纸体验博物馆就是55岁的韩纸匠安志勇以多年来个人收藏的韩纸制品为基础建立起来的博物馆。

在对传统韩纸制作工艺进行保护的同时，韩国非常重视创新，政府一直倡导通过创意性保护，让传统的韩纸在现代生活中找到立足点，不仅通过组织调查研究制定韩纸现代化保护措施，还通过政策和经济上的扶持推动韩纸创意性保护事业的发展。在这方面民间社团也起到了重要作用。一些社团经常组织相关专家，通过举办研讨会、座谈会、论坛等形式的活动，共同探讨韩纸在创意性保护方面的可行性措施。

通过多年努力，韩国利用韩纸历经千年而不坏等特殊品质，将其与现代生活需求相结合，制作出了多种多样的韩纸衍生品。其中，用韩纸制作的玩偶、模型被韩国诸多博物馆用来作为橱窗展示的工具，这不仅对韩纸起到很好的宣传效果，也提升了展示的趣味，融入了浓浓的韩国风情。一些现代派的韩国艺术家、设计家还将传统材质与现代形态相结合，利用韩纸制作了钟表、家具、灯饰、摆件等工艺品。此外，通过染色、染香等工艺，韩纸作为礼品包装、名片制作的材料和服装设计材料，被广泛运用于韩国人的日常生活中。

三、中韩手工造纸术的传承现状及发展

手工纸生产伴随着社会经济文化的发展而发展变化着。中韩手工纸发展模式大致相同，都呈现出发明、生产、高速发展、衰落、恢复、再发展的基本规律。机制纸的大量生产和使用对手工纸的生产冲击很大。手工纸生产规模变小，原材料产地越来越少，生产能力降低，掌握工艺的生产人员越来越少，传统的手工造纸工艺日渐失去原真性。但在各自发展过程中，由于国家对非物质文化遗产保

护力度的不同,中韩手工纸在使用、发展和传承方面表现出各自特点,呈现出不同状态。

以中国铅山连四纸为例[3][4][5]。明朝中叶,江西上饶的铅山县已发展成为当时造纸业的重要基地;至清代达到鼎盛,纸业人口约占全县人口的十之三四,纸槽近2 000个;民国时,由于社会环境的变化和自身技术的退化等原因,纸张的产量和质量均有所下降;新中国成立初期,铅山县境内的纸槽已基本停产,虽曾在20世纪60年代恢复小规模生产,但在"文革"时再次中断,到20世纪80年代末期,铅山的最后一个纸槽也停止了生产;直至2008年,随着"非遗"保护工作的逐步展开,铅山县传统的手工纸生产线才得以恢复。然而,据铅山连四纸制作技艺国家级非遗生产性保护示范基地——江西含珠实业有限公司的有关负责人介绍,自2008年以来,公司已先后投入2 000余万元用于恢复工艺和组织生产,但时至今日仍未见盈利。

在中国,手工纸工艺传承情况在不同地区有很大的区别[6]。据楮皮纸制作技艺国家级代表性传承人张逢学回忆,过去人们写字、绘画、印报纸、抄经文、记账、糊棚几乎都要用到楮皮纸,而现在很少有人问津。昔日有上千纸户的陕西西安北张村,如今只剩张逢学一家造纸作坊。他们的作坊也主要以回收印刷厂的边角料制作回收纸为主,仅在偶尔有客户订货的情况下才会做一些楮皮纸。一年中,张逢学一家能制作50多捆(5 000张一捆)回收纸,而楮皮纸的产量只有2 000多张。

中国目前手工纸代表有宣纸和竹纸,前者以安徽生产为主,后者以贵阳市、富阳区、奉化区、夹江县、将乐县等地生产为主,少数地方还生产少量的桑皮纸,如潜山县、岳西县、迁安市、和田地区墨玉县等。现在常用的宣纸和竹纸各地生产质量、颜色、厚薄等不一致,主要原因是纸张的原料和加工工艺与古法造纸术有了很大区别。自古以来,宣纸产品就按照纸质的优劣等级分为宣纸和书画纸。安徽泾县是中国宣纸、书画纸的重要产地,近年来形成了以宣纸为主导的特色文化产业,发展势头迅猛。截至2013年上半年,泾县宣纸、书画纸生产企业已有410多家[7],除国有中国宣纸集团公司外,还有少量的股份制企业,而绝大部分生产者为个体经营。泾县年产宣纸750余吨、书画纸7 000余吨,占全国书画用纸总量的60%以上,年创销售收入达6亿元左右。

从表象上看,宣纸产业的发展势头不错,但其实宣纸行业正面临着原料供应紧张、传统工艺难以为继、后继乏人等诸多难题。近年来,在宣纸原产地泾县,由于檀树种植有限,檀皮供应紧张,原料价格上涨幅度很大,因此生产厂家改用其他原料代替檀树皮,宣纸品质急剧下降。宣纸在清朝之前一直采用的是天然漂白工艺,然而在20世纪六七十年代,为了降低成本、提高生产效率和扩大产量,宣纸企业开始引入化学漂白、机械加工等新工艺,将生产周期从原来的180天缩短为几天。由此导致宣纸质量下降,如脆性加大、柔韧性下降。

中华人民共和国成立以来,整个宣纸行业在经历了复苏期、发展期、振兴期后,如今正步入行业的思考期。在这一阶段,我们应该思考如何采取相关措施保证制纸原料的供应,如何平衡宣纸传统工艺生产与大批量、规模化宣纸制造的关系,以及如何在保护好传统技艺的同时找到满足市场各类需求的解决之道。

不仅在宣纸生产领域,当前传承乏力已经成为整个手工造纸业的发展瓶颈。一些企业尝试着到中学招工、与技校联合办班等方式培养接班人，但由于技术难度大、习艺周期长、劳动强度高、薪资微薄等因素，手工造纸业在吸引年轻人方面不具优势。目前，中国手工纸市场鱼龙混杂、纸质参差不齐。一些古代文献特殊用纸，如蜡笺纸、磁青纸、描金纸、高丽纸等[8][9][10][11]，由于原料特殊、工艺复杂、需求量低等原因业已失传，而即使是一些较为常规的手工纸，如毛太纸、毛边纸、连四纸等，同类手工纸由于厂家不同、质量高下不等，无法保证长期稳定的纸型。每购进一批纸，都可能面临一次与前一次质量不同的情况。再加上人们对手工纸的工艺、文化内涵了解有限，完全恢复传统手工纸造纸工艺，并保证留存下来的工艺传承下去，还需要做大量深入的研究和探索。

中国手工纸产地目前主要分布在南方，尤其是浙江、福建、安徽、江西、四川、贵州、云南等省以及广西壮族自治区，北方仅有河北迁安、陕西长安、山西定襄、山东曲阜、新疆和田等少数地区。从全国来看，各地仍有为数不少的手工造纸活态遗存，但消失的速度很快，尤其是边远地区和少数民族地区，譬如曾有很高造纸水平的麻纸造纸工艺。表3是中国最近十年的手工纸工艺调查情况[5][7][12][13]，表格基本反映了中国手工纸生产情况。总体情况是，原料短缺，工艺改变，生产规模越来越小。

表3 中国最近十年的手工纸工艺调查（2003—2012年）

手工纸类型		调查时间	调查地点	调查内容	结论
宣纸	宣纸	2003—2008年	安徽泾县小岭村	宣纸制作工序与特点、工艺现状等	继承了中国古代造纸关键工艺，如踏、碓、舂、打等，部分工艺进行了创新；沿用传统造纸原料。

续表

	手工纸类型	调查时间	调查地点	调查内容	结论
宣纸	腾冲书画纸	2009年	云南腾冲观音塘	造纸工序与特点、工艺现状等	"腾宣"的传统造纸技艺濒临失传。
	宣纸、书画纸、皮纸、深加工纸	2010年	安徽泾县、巢湖市（现合肥市巢湖区）	安徽宣纸、书画纸、皮纸以及深加工纸的工艺现状、特点以及造纸原料现状等	人工操作与现代造纸机械相衔接，基本保留传统抄造工艺，但传统手工纸特色在某些环节逐渐丧失；造纸原料基本沿用传统原料，但书画纸生产采用混合纸浆；建立了生产参观一条龙服务。
皮纸	纱纸	2004年	广西河池大化瑶族自治县贡川乡	造纸原料、工具、工序、工艺传承现状等	贡川纱纸制作已向半机械化生产过渡，传统工艺越来越少。
	傣纸（构皮纸）	2005年	云南临沧耿马傣族佤族自治县孟定镇、永德县永康镇	傣纸的造纸原料、工艺流程、工具等	傣纸造纸属于浇纸法，目前仅见于藏区和傣族地区；整个生产过程完整传承了传统造纸术；造纸原料沿用古代造纸原料，但目前原料紧缺、成本上升。
	皮纸	2007年	贵州普安县卡塘村	皮纸的制作工艺特点及现状、传承现状等	卡塘村造纸基本保留中国传统造纸工艺；造纸工具得到精心保管；造纸规模越来越小。
	东巴纸	2008年	云南丽江玉龙县、迪庆州香格里拉县	东巴纸的造纸工艺及特点、工具等	纳西族东巴纸的成纸工艺介于浇纸法与抄纸法之间，是从浇纸法过渡到抄纸法的中间形态的历史遗存。

续表

	手工纸类型	调查时间	调查地点	调查内容	结论
皮纸	桑皮纸	2008年	新疆墨玉县	桑皮纸造纸工艺、工具等	用桑皮造纸是维吾尔族造纸技艺的一个重要特征;桑皮纸造纸原料紧缺;其造纸工艺是一种地坑式的浇纸法,历史悠久;桑皮纸制作工艺的传承人很少。
	棉纸	2008年	河南新密大隗镇	大隗棉纸制作工序、工艺现状等	采用机械化造纸,传统的手工造纸工艺消失。
	棉纸	2009年	云南罗平募补村	造纸原料、工具、工艺流程等	传统造纸工艺很可能在不久的将来消失殆尽。
	构皮纸	2009年	陕西西安长安区北张村、灞桥镇	北张村传统造纸工艺流程、特点、传承现状等	手工造纸规模萎缩,传统造纸工艺濒临消失。
	构皮纸	2008—2011年	贵州黔东南侗族苗族自治州黎平县茅贡乡	地扪造纸的主要工序等	地扪、登岑、罗大完整地保留了传统皮纸的制作工艺,随地扪社区的发展变化,造纸工艺逐渐向现代化发展。
竹纸	竹纸	2006—2007年	江西铅山陈坊乡、太源畲族乡、天柱山乡、篁碧畲族乡	连四纸制作工艺现状	以前的繁荣景象已不复存在,竹纸工艺正面临消亡。
	竹纸	2008年	四川夹江马乡村	夹江竹纸制造工序现状等	夹江传统造纸工艺的传承与保护面临着巨大的威胁与挑战。

续表

	手工纸类型	调查时间	调查地点	调查内容	结论
竹纸	竹纸	2008年	云南建水太平村	竹纸制作工艺等	采用传统造纸工艺,是二次蒸煮熟料法造纸的典型代表,造纸工艺处在消失的边缘。
	竹纸	2009—2012年	江西奉新县石溪村	造纸工艺、原料现状等	造纸工艺基本承袭传统造纸的工艺流程,但部分工艺进行了技术上的革新。
	竹纸	2010—2012年	浙江奉化(现宁波市奉化区)萧王庙街道棠岙	造纸原料、工序等	造纸方法"土洋结合",部分工序保留传统技法,部分工序结合现代机械造纸经验。
	竹纸	2012年	浙江温州瓯海区泽雅镇	造纸工序、传承现状等	基本保留传统造纸工艺,造纸规模日益缩小。
	竹纸	2012年	重庆梁平县	造纸工艺流程等	较好地保留了传统竹纸制作工艺的流程。
	连四纸	2006—2007年	江西铅山县;福建邵武市、光泽县、连城县	传统连四纸制作工序、现代连四纸制作工艺、工艺传承人现状、造纸原料现状等	现代化生产技术影响了传统造纸术;连四纸传统制作工艺已消失,目前只有福建省连城县姑田镇尚存现代制作工艺;造纸技艺传承人呈高龄濒危状态,后继无人。
	连四纸	2010年	江西铅山天柱山乡浆源村	制作工序等	连四纸的制作基本保留传统造纸工艺。
	连四纸	2010—2012年	福建连城姑田镇	造纸工艺、原料现状等	采用现代新技术和新设备,对传统造纸工艺造成威胁。
	连四纸	2010—2012年	江西铅山鹅湖乡	造纸工艺现状、工序等	造纸工艺、设施基本保留明末的传统样式,是传统竹纸制造的"活化石"。

续表

手工纸类型		调查时间	调查地点	调查内容	结论
竹纸	草纸、湘纸	2010年	广西壮族自治区马海村	造纸原料、工艺、传承现状等	马海村壮族传统造纸工艺的保存现状令人担忧。
	香纸	2011年	贵州乌当区新堡布依族乡白水河村	造纸原料、辅料、工艺流程、工具、传承人现状等	一直保留传统造纸环节;造纸户数量日益减少;工艺传承后继无人。
	毛边纸	2010—2012年	福建长汀铁长乡	造纸工序现状等	不少工艺仍保留了传统的方法,但毛边纸类的优质制造工艺濒临绝迹。
藏纸	藏纸	2009年	四川德格县、西藏尼木县	造纸工艺、工具、原料等	藏族手工造纸技术是一种与内地汉族抄纸法完全不同的浇纸法造纸技术。
	藏纸	2010年	西藏金东造纸作坊、尼木县、拉萨以及塔布、波堆、易贡等	造纸原料及辅料的选择、工艺流程等	藏纸生产几度停止,许多传统生产技艺失传。
麻纸	麻纸	2009年	山西沂州定襄县蒋村	麻纸制作工艺流程等	手工麻纸的最后一块阵地濒临失守,延续了近2 000年的传统手艺即将失传。

上述调查主要集中在竹纸、皮纸、宣纸等几类手工纸,关于高丽纸及其他小纸种的工艺调查除媒体的粗略报道外,学术界几乎无系统研究,这在一定程度上加速了这些手工纸种的消失。

自1945年以来,由于制造手工纸的工作艰苦,韩国愿意从事此项工作的人越来越少。尤其是需求不足,生产量低,种类也少,成本又高,这些都限制了韩纸的发展。1980年前,全韩国有100多家手工造纸厂，目前只有26家[2]，主要分布于韩国的东南部和南部。目前这些生产厂家的生产规模、生产能力、手工纸品种等相差很大，只有几家处于良性发展阶段，新产品不断推出，有很宽的销售途径。由于经济困难、原料不足、工艺人和工人短缺、产品销路窄等问题，很多厂家都面临着严峻的挑战。手工韩纸的原料主要是构树，有时添加少量的其他原料。尽管韩国不同地区种植大量构树，但仍然满足不了生产纸张的需要，还是要靠从国外进口。有些厂家在生产韩纸时基本遵循古法：蒸煮用草木灰，漂白主要是靠山间溪水冲洗和太阳光漂白，不加化学成分，利用的原材料主要是构树，用木槌舂打，在木板上晾干或用压片机挤压晾干。有些厂家对传统工艺进行改革，抄纸技术不采用韩纸传统方式"单帘抄纸"，而是"双帘抄纸"，原料中添加了化学物质，如 $NaOH$ 和 Na_2CO_3，叩解过程代替手工工作。这些变化加快了生产速度，降低了劳动力成本，但产品与原始纸品质有所差异。

比如安东（Andong）厂家，目前是韩国最大的手工纸厂家（厂房面积 $13\,200\,m^2$），可生产70多种手工纸，年产量100万张，有纸张展览室，可供参观体验，产品主要用于工艺品、墙纸、地炕纸、书法、修复用纸等。新亨正通（Shinhyeonse Jeontong）于2002年建厂，厂房面积 $360\,m^2$，生产24种以上韩纸，产品主要用于纸质文献修复、艺术用纸等，广泛用于博物馆、高校研究所且远销海外。美国30多家文化单位，包括国会图书馆、国家档案馆、哈佛大学图书馆等，都在使用他们的纸。古玉（Goyu）是最早的用构树生产韩纸的厂家，属于国家非物质文化遗产（No. 117, 2005），生产最薄的韩纸。刘赫永（Yoo Heoeng Yeong）是古玉的职工，被认为是最值得尊敬的韩纸文化传承人，但由于年岁已高，自己已不能继续工作，培训他儿子造纸工艺和染纸工艺。金钟云（Jo Hyun Jin）韩纸研究所是最早成立的专门研究传统韩纸工艺和开发新手工韩纸的机构之一，主要致力于研究和开发高价值手工纸。Jo Hyun Jin 博士在此研究所已工作 30 年，在他的带领下，研究人员不断进行研究，发明了漆染色，用于绘画、书法、修复、印刷和手工纸地毯。该研究所拥有 6 项生产韩纸的专利，开发了系列韩纸品种。

虽然中国是手工纸的发源地，韩国的造纸技术也比日本历史悠久，但中国和韩国的手工纸在世界很多国家的认可度没有日本的手工纸高。日本修复用纸在世界各国的认可度较高，其向外输出历史超过了一个世纪，除了西方国家，东南亚以及中国香港、中国台湾等地都有使用。各地的文献装订者和修复者、艺术家及印版画家对日本纸张的性能、特点等都有较为全面的认识，并将它们广泛应用于艺术及修复工作。很多人从历史资料中了解到中国是纸张发源地，而对于现今中国手工纸的发展情况（比如种类、质量、用途、产地等）几乎没有了解和认知。安徽泾县的宣纸、四川夹江的竹纸、浙江温州的皮纸等是中国优良手工纸的代表，被广泛应用于中国档案、图书等纸质文献的修复，在国内知名度较高，但在其他国家还未被全面认识，推广应用面并不广。韩国近期也一直在探索韩纸全球化的道路，不断对外宣传和推介，并加大开发新品种的力度，但效果不甚明显。要让欧洲国家、美国、东南亚国家等认可中韩手工纸，最为重要的一点是要了解各个国家的用户需求，在这个基础上设计出不同功能的纸张类型，方便其使用。

传统手工纸造纸术的典型代表具有较高的遗产价值，如典型性与原始性，因此在其手工纸的保护工作中须注重原真性保护。中韩两国在手工纸的传承与发展过程中应开展广泛的合作和研究，构建一个良好的手工纸传承平台，比如积极开展传统手工纸的复原研究，尽力恢复高质量手工纸（如澄心堂纸、高丽纸等）的制作工艺。

四、总结

从国际情况来看，手工造纸的减少在一段时间内恐怕是不可改变的趋势。现阶段，对于传统造纸技术而言，从原料、工艺、工具、纸张的使用价值、历史文化内涵等多方面进行比较研究，建立起合理的传统造纸技术的价值评估体系十分重要。中韩手工造纸术的传承有相似和异同之处，在深入比较研究中要明确各种不同技艺、产品的独特价值，并在保护措施的制定和实施中注意维护，这些是对"非遗"保护工作的要求，也是中韩手工造纸技艺今后生存发展的潜力所在。

参考文献

[1] 苏荣誉,詹长法,冈岩太郎.东亚纸质文物保护——第一届东亚纸张保护学术研讨会论文集[C].北京:科学出版社,2008:23-56.

[2] 大韩民国文化、运动和旅游局. Korea Handmade Paper[M].首尔:旅游出版社,2010:1.

[3] 关传友.中国竹纸史考探[J].竹子研究汇刊,2002(2):71-78.

[4] 石礼雄.传承中的思考——传统连四纸制作技艺浅析[J].华东纸业,2011(5):46-51.

[5] 王立斌.江西铅山连史纸调查报告[J].南方文物,2008(3):155-157,154.

[6] 王诗文.中国传统竹纸的历史回顾及其生产技术特点的探讨[C]// 中国造纸学会.第八届造纸学术年会论文集(上).北京:中国造纸学会,1997:531-536.

[7] 徐茂玢.中国名画纸——夹江国画纸的生存、发展与管理[J].成都行政学院学报,2001(5):50-51.

[8] 刘仁庆.论连史纸——古纸研究之十九[J].纸和造纸,2012(4):62-66.

[9] 刘仁庆.论表芯纸——古纸研究之二十三[J].纸和造纸,2012(8):64-68.

[10] 刘仁庆.论玉扣纸——古纸研究之二十二[J].纸和造纸,2012(7):68-72.

[11] 刘仁庆.论硬黄纸——古纸研究之七[J].纸和造纸,2011(4):65-69.

[12] 方晓阳,吴丹彤,鄢中华,等.江西铅山连史纸制作技艺调查研究[J].北京印刷学院学报,2010(6):8-17.

[13] 杨玲,李文俊.夹江大千书画纸生产及其研究进展[J].黑龙江造纸,2010(3):11-13.

作者简介

张美芳,女,管理学博士,中国人民大学信息资源管理学院教授,博士生导师。全国档案领军人才(档案保管保护领域),国家古籍保护中心和修复中心评审委员会专家,中国档案学会档案保护技术委员会副主任,ISO/TC171/SC3委员。

"和合"思想视角下中德入选《世界记忆名录》文献遗产对比分析

姜 楠 陈 鑫 卜鉴民

2 000多年前,中国儒家典籍《论语》中记载"君子和而不同",阐述了中华民族自古以来传统朴素的"和"文化理念;200多年前,德国著名的哲学家黑格尔在《美学》中提道"和谐是从质上见出差异面的一种关系",论述了西方哲学世界的和谐观。中国与德国,一个是历史悠久、文化灿烂的东方古国,一个被称为"诗人与思想家的国家",都拥有丰富的文化资源,在对"和合"的认识上存在一定的相似性,即在差异中寻求平衡与统一。

中国国家主席习近平在2007年出版的《之江新语》一书中曾指出:"和"指的是和谐、和平、中和等,"合"指的是汇合、融合、联合等。这种"贵和尚中、善解能容,厚德载物、和而不同"的宽容品格,是我们民族所追求的一种文化理念。[1]该论述为新时代的"和合"思想做了最佳阐释。本文将在"和合"思想的指导下,对中德入选《世界记忆名录》的文献遗产进行对比,分析入选文献遗产的特征,总结德国档案文献申遗的经验,并结合中国档案文献遗产保护工作的发展现状,为中国文献遗产的保护与利用提出针对性的意见。

一、共立——世界记忆聚共识

在人类的历史长河中,值得留住的记忆灿若星辰,但又极其脆弱,仅存的承载人类某段历史记忆的文献遗产随时都可能遗失或被损毁。地中海东南隅、尼罗河入海口曾矗立过世界上第一座图书馆——古亚历山大图书馆,她如同亚历山大灯塔[①]一样闻名于世,是人类历史早期最伟大的图书馆。可惜历经战乱,在战火的吞噬下,这样一座人类文明和知识的宝库甚至连一块石头实物也没有留下,成为世界记忆中的永久损失。

(一)世界记忆项目的兴起

保护档案文献遗产的工作量极为庞大,为了确保世界文献记忆不再受到破坏,世界各国需要利用最新技术并通力合作。1992年6月22日,肩负着发展文化和保护世界文化遗产重任的联合国教科文组织在法国巴黎召开专家会议,批准通过"世界记忆项目"(Memory of the World Programme),项目旨在共同保护世界文献遗产,促进文献遗产利用民主化。1993年,项目常设机构国际咨询委员会(IAC)成立,负责指导制订、实施工作计划和监督整个计划的执行,并针对工作计划中存在的问题向联合国教科文组织总干事提出建议。同时,联合国际图书馆员协会和图书馆联合会(IFLA)、国际档案理事会(ICA)、国际电视档案馆联合会

[①] 亚历山大灯塔是世界著名的七大奇迹之一,遗址在埃及亚历山大城边的法罗斯岛上。灯塔约在公元前280年至公元前278年建成,巍然屹立在亚历山大港外1 500年,但因在两次地震中极度受损,最终于1480年完全沉入海底。

（FIAT/IFTA）、国际电影档案馆联合会（FIAF）、国际音乐图书馆协会（IAML）和国际录音档案馆协会（IASA）等非政府组织参与部分项目工作。

（二）《世界记忆名录》的建立及申报方式

为了实现"世界记忆项目"的目标，将抽象的理想变得具体和易于接近，国际咨询委员会决定建立名录，并在1995年颁布的《世界的记忆——保护文献遗产的总方针》中，对《世界记忆名录》进行了具体规范的说明。将文献遗产列入任何一级的名录都表明联合国教科文组织对其永久价值和重要性的肯定，有助于加深人们对世界历史的认识和理解。为了将世界记忆的网络编织得更加细密，世界记忆项目共建立了国际、地区和国家三级名录，其中最大、最知名的是1997年创立的《世界记忆名录》。

截至2017年，世界记忆项目国际咨询委员会每两年进行一次评选。申报的方式有单独申报和联合申报两种，每个国家每两年有2个单独申报的提名。联合申报适用于某项档案文献在不同国家中存在多个保存单位的情况，该情况下则可以由两个或两个以上的国家进行联合申报。2个单独申报的提名限制不适用于联合申报，且联合申报提名不计算在参与国的提名名额内。设立联合申报的目的在于促进国际合作与交流。

（三）世界记忆项目的发展与作用

世界记忆项目的兴起正是全世界共同开展保护和利用工作的例证。通过20多年的努力，截至2018年，全世界已经成立了大约70个国家委员会和3个地区委员会。从1997年创立时入选的首批38

项文献遗产，到 2017 年入选的 80 项文献遗产，20 年间，《世界记忆名录》共收录来自五大地区、124 个国家的共计 429 项文献遗产。

正是这种合作保护与利用的共识的确立，使得古亚历山大图书馆的悲剧没有重演，科尔文纳图书馆散落的藏书记忆幸运地得以保存。

1471 年，在匈牙利布达，经国王马提亚斯倡议成立了文艺复兴时期世界上最知名的图书馆之一——科尔文纳图书馆，其馆藏涵盖哲学、神学、历史、法律等诸多领域。与古亚历山大图书馆相似，在中欧和东欧长达一个世纪的冲突与战争中，科尔文纳图书馆中大量装饰华丽的手抄书卷被毁，迄今仅存世 216 卷，并且分别收藏于 14 个国家的 52 个公共图书馆与私人图书馆内。[2] 由于保存条件不一以及自然老化和意外事故的发生，仅存的藏书仍然面临损毁或消失的威胁。

2005 年，经匈牙利、德国、奥地利、比利时、法国和意大利六国的联合申报，科尔文纳图书馆的藏书入选《世界记忆名录》。联合国教科文组织与合作者共同帮助建设了科尔文纳数字图书馆，但丁所著《神曲》的手抄本、古希腊哲学家和自然科学家泰奥弗拉斯托斯所著的《植物史》手抄本等藏书实现了永久的保存。[2]

世界记忆方兴未艾，文献遗产共护共立。

二、共处——求同存异找差距

自 1997 年《世界记忆名录》设立以来，截至 2018 年，德国共有 23 项文献遗产入选，其入选数量位列世界第一。中国历史悠久且自古重视图书典籍的管理，档案资源丰富，但中国入选《世界记忆名录》的文献遗产远少于德国，仅有13项入选。中德入选《世界记忆名录》的文献遗产具体信息参见表1及表2。

表1　中国入选《世界记忆名录》的文献遗产统计表

入选年份/年	文献遗产名称	载体组成	形成时间	申报方式	申报国家	申报方
1997	传统音乐录音档案	钢丝带、蜡筒、盒带、DAT带及CD光盘、纸质、照片	1950—1994年	单独	中国	中国艺术研究院图书馆
1999	清代内阁秘本记录——有关西方传教士在中国活动的满文档案	纸质	17世纪中叶	单独	中国	中国第一历史档案馆
2003	纳西族《东巴古籍》原稿	纸质	公元11世纪前	单独	中国	云南省丽江地区行政公署、云南省档案局
2005	清代科举大金榜	纸质	1667—1903年	单独	中国	中国国家档案局
2007	清代"样式雷"建筑图档	纸质、模型	1683年	单独	中国	中国国家图书馆
2011	《黄帝内经》1339年版	纸质	1339年	单独	中国	中国国家图书馆
2011	《本草纲目》金陵本	纸质	1593年	单独	中国	中国中医科学院图书馆
2013	元代西藏官方档案	纸质	1304—1367年	单独	中国	西藏自治区档案馆
2013	侨批档案	纸质	1830—1970年	单独	中国	广东省档案馆、福建省档案馆

续表

入选年份/年	文献遗产名称	载体组成	形成时间	申报方式及申报国家		申报方
2015	南京大屠杀档案	纸质、照片、胶片	1937—1947年	单独	中国	中国国家档案局、中国第二历史档案馆、辽宁省档案馆、吉林省档案馆、上海市档案馆、南京市档案馆、侵华日军南京大屠杀遇难同胞纪念馆
2017	近现代中国苏州丝绸档案	丝绸、纸质	19世纪至20世纪末	单独	中国	苏州市工商档案管理中心
2017	清代澳门地方衙门档案	纸质	1693—1886年	联合	中国	澳门档案馆
					葡萄牙	葡萄牙东波塔国家档案馆
2017	甲骨文	甲骨	公元前1046年	单独	中国	中国社会科学院甲骨学殷商史研究中心

表2　德国入选《世界记忆名录》的文献遗产统计表

入选年份/年	文献遗产名称	载体组成	形成时间	申报方式及申报国家		申报方
1999	柏林音响档案馆收藏的1893—1925年世界音乐蜡筒录音	蜡筒	1893—1925年	单独	德国	柏林音响档案馆、柏林国家博物馆和普鲁士文化遗产基金会主任阿图尔·西蒙（Artur Simon）教授
2001	羊皮纸古腾堡《圣经》及同时期背景记录	羊皮纸、纸质	1455年	单独	德国	哥廷根州立大学图书馆

续表

入选年份/年	文献遗产名称	载体组成	形成时间	申报方式及申报国家		申报方
2001	路德维希·范·贝多芬《d小调第九交响曲 Op.125》	纸质	1818—1823年	单独	德国	柏林国家图书馆、邦加斯贝多芬之家、德国电台档案馆
2001	电影《大都会》2001年修复版	胶片	2001年	单独	德国	世界记忆项目德国国家委员会、联合国教科文组织德国委员会
2001	歌德和席勒档案馆中歌德的文学遗产	纸质	1768—1832年	单独	德国	世界记忆项目德国国家委员会、联合国教科文组织德国委员会
2003	奥托时期赖兴瑙岛（康斯坦茨湖）上制作的装饰手稿	羊皮纸	10—11世纪	单独	德国	慕尼黑巴伐利亚州立图书馆
2005	《格林童话》原版及其手稿	纸质	1812—1857年	单独	德国	格林兄弟协会和格林兄弟博物馆、黑森林州、卡塞尔大学、卡塞尔州文化办公室
2005	科尔文纳图书馆档案	纸质	1471年	联合	匈牙利	匈牙利国立塞切尼图书馆
					德国	沃尔芬比特尔赫尔佐克·奥克斯特图书馆、慕尼黑巴伐利亚州立图书馆
					意大利	意大利劳伦齐阿纳图书馆
					法国	法国国立图书馆
					比利时	比利时皇家图书馆
					奥地利	奥地利国立图书馆

续表

入选年份/年	文献遗产名称	载体组成	形成时间	申报方式及申报国家		申报方
2005	瓦尔德瑟米勒绘制的世界地图	纸质	1507年	联合	德国	世界记忆项目德国国家委员会
					美国	华盛顿国会图书馆
2007	戈特弗里德·莱布尼茨个人来往信件	纸质	约17世纪下半叶至18世纪初	单独	德国	下萨克森州立图书馆-莱布尼茨图书馆
2009	欧洲中世纪的英雄史诗《尼伯龙根之歌》的三件最古老的手抄本	羊皮纸	13世纪30年代至90年代	单独	德国	慕尼黑巴伐利亚州立图书馆
2011	1886年卡尔·本茨提交的编号为DRP 37435的专利申请：以燃气发动机驱动的车辆	纸质	1886年	单独	德国	曼海姆州立技术与劳动博物馆
2011	柏林墙的兴建和倒塌及1990年《最终解决德国问题条约》	胶片、照片、纸质	1961—1990年	单独	德国	波茨坦当代历史中心、联合国教科文组织德国委员会世界记忆提名委员会
2013	《洛尔施药典》	纸质	约795年	单独	德国	班贝格州立图书馆
2013	《共产党宣言》手稿和《资本论·第一卷》的马克思自注本	纸质	1848年和1867年	联合	德国	联合国教科文组织德国国家委员会
					荷兰	荷兰阿姆斯特丹国际社会历史研究所
2013	内布拉星象盘	金属	约公元前1600年	单独	德国	萨克森-安哈尔特州哈雷-维滕贝格大学的州立史前历史博物馆

续表

入选年份/年	文献遗产名称	载体组成	形成时间	申报方式及申报国家		申报方
2013	查理四世《金玺诏书》的七件手写本和《金玺诏书》文氏豪华型手写本	羊皮纸	1356年和约1400年	联合	德国	德国法兰克福城市历史研究所、德国达姆施塔特理工大学和州立图书馆、德国纽伦堡国家档案馆、格哈德·黑策（Gerhard Hetzer）博士、德国巴登-符腾堡州档案馆
					奥地利	奥地利国家档案馆、奥地利国家图书馆
2015	埃斯塔克里地理著作手抄本	纸质	10世纪50年代	联合	德国	世界记忆项目伊朗国家委员会
					伊朗	
2015	巴赫亲笔签名的《b小调弥撒曲》乐谱手稿	纸质	1733—1749年	单独	德国	柏林国家图书馆
2015	马丁·路德宗教改革初期与早期的代表性文献	纸质	1515—1526年	单独	德国	莱布尼兹欧洲历史研究所教授艾琳·丁格尔（Irene Dingel）博士与亨宁·P. 尤尔根（Henning P. Jürgens）博士
2015	缅甸国王雍籍牙致英国国王乔治二世的金箔信函	金属	1756年	联合	德国	下萨克森州立图书馆-莱布尼茨图书馆
					缅甸	缅甸文化部
					英国	大英图书馆
2017	安东尼努斯敕令	纸质	212年	单独	德国	吉森大学校长慕克吉（Mukherjee）博士
2017	法兰克福审判档案	纸质、胶片	20世纪60年代	单独	德国	黑森州国家档案馆

　　为探究两国存在差距的原因，以下将从时间分布、主题内容、载体组成、申报方式和申报方五个方面对中德入选《世界记忆名

录》的文献遗产进行深入的对比和分析，以实现加强对世界文献遗产的保护和利用的共同目标。

（一）时间分布

虽然中国入选《世界记忆名录》的文献遗产数量不及德国，但是中国首项文献遗产的入选时间早于德国，这一方面说明我国档案资源丰富，另一方面也说明官方机构对于档案典籍的保护与传承较好，文献遗产的保护工作起步较早。

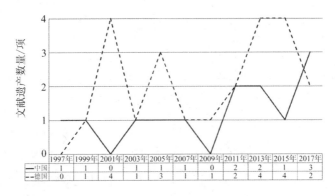

图1 中德入选《世界记忆名录》的档案文献遗产数量的年度分布统计图

根据中德入选文献遗产数量的年度分布统计情况（图1），从入选年份的连续性来看，中国在2001年和2009年都没有文献遗产入选，德国仅1997年未有文献遗产入选，可见德国文献遗产的入选年份连续性较好；从发展趋势来看，中国在2017年达到入选数量的最大值3项，而德国在2001年就已经达到了入选数量的最大值4项，且从1997年至2001年中国入选数量呈下降趋势，而德国则大幅上升，说明德国的申遗工作在初期就得到足够的重视，积累了许多成功经验，为后续的成功申报奠定了基础。由此，虽然在首批入选《世界记忆名录》的 38 项文献遗产中,未有德国文献遗产入选,但是随后德国申遗工作发展迅猛,并长时间保持世界领先地位,这不仅体现出德国保护文献遗产的意识非常强烈,而且说明其申遗的准备工作也较为充分。

中德两国入选《世界记忆名录》的文献遗产形成时间分布如表 3 和表 4 所示。

表 3　中国入选《世界记忆名录》的文献遗产形成时间分布表

历史时期	先秦时期(公元前 21 世纪—公元前 221 年)	宋代(960—1279 年)	元代(1271—1368 年)	明代(1368—1644 年)	清代(1616—1912 年)	近现代(1840 年至今)
文献遗产数量/项	1	1	2	1	4	4

从中国入选文献遗产的形成时间来看,最早的是形成于商代、距今 3 000 多年的甲骨文,最晚的是形成于 19 世纪至 20 世纪末的近现代中国苏州丝绸档案,时间跨度非常大,这与中国悠久的历史文化及保护典籍的优良传统有关。但是,这 13 项文献遗产的形成时间较为分散,其中形成时间为近现代的文献遗产共计 4 项,占比为 30.8%,其余均为古代的文献遗产。由此可见,中国注重不同时期文献遗产的挖掘,历史跨度大,但主要集中在古代,且每个时期具体研究不够深入。

表 4　德国入选《世界记忆名录》的文献遗产形成时间分布表

历史时期	青铜时代(公元前 2000—公元前 1450 年)	古典时期(公元前 5 世纪—公元 4 世纪中叶)	中世纪(5 世纪—15 世纪)	近现代(1648 年至今)
文献遗产数量/项	1	1	9	12

与中国相比，德国入选的文献遗产形成时间最早的是约公元前1600年的内布拉星象盘①，最晚的是电影《大都会》② 2001年修复版，时间跨度相对较小，且分布较为集中。德国自1648年宗教改革结束，进入近代以来，共入选了12项文献遗产，占比为52.2%，高于中国，表明德国在这一阶段的研究较为深入。其中，从记录大航海时代地理新发现的瓦尔德瑟米勒绘制的世界地图，到凸显第一次科技革命成果的1886年卡尔·本茨提交的以燃气发动机驱动的车辆的专利申请，再到记录共产主义诞生的《共产党宣言》手稿，德国用文献遗产记录着影响人类历史变迁和世界格局走向的大事件。

（二）主题内容

1997年，中国艺术研究院音乐研究所收藏的长达7 000小时的中国50多个民族的传统音乐与民间音乐录音档案入选《世界记忆名录》，成为世界上首批也是中国第一项"世界记忆"。1999年，柏林音响档案馆收藏的1893—1925年世界音乐蜡筒录音也成功入选《世界记忆名录》，成为德国第一项入选的文献遗产。音乐是人类社会历史上最早产生的艺术种类之一，也是日常生活中人们喜闻乐见的艺术表达形式。宫商角徵羽和五线谱虽然表达的形式存在差异，但跨越国界传递情感的作用相同。两个相距遥远的国度在首次申遗的时候均选择了以音乐为主题内容的文献遗产，体现了两国对

---

① 内布拉星象盘是一个直径30厘米的青铜盘，该盘可能是古天文学仪器或原始宗教的象征物。

② 电影《大都会》是德国默片史上的经典之作，由弗里茨·朗导演，于1927年首次上映。电影展现了未来派眼中的反乌托邦都市社会，充满了冲突与矛盾。

于音乐地位的认可和推崇。

除了音乐主题之外,德国入选的文献遗产涵盖的主题还有文学、宗教、电影、地理、名人、战争、医学、天文、政治、技术发明等方面,涉及领域众多,门类较为齐全。与之相比,中国入选的文献遗产涉及的主题相对少些,且特别令人遗憾的是,中国优秀的文学作品浩若烟海,但入选的 13 项文献遗产中竟然没有一项以文学作品为主题。这其中固然存在翻译、价值观差异等问题,但 2012 年莫言先生获得诺贝尔文学奖,有力证明了在世界文化交融发展的今天东方文学的价值越来越受到世界主流思想的认可。老舍先生的《四世同堂》手稿已入选第一批《中国档案文献遗产名录》,而这部表现抗战北平沦陷区普通民众生活与抗战的长篇小说的手稿能否入选《世界记忆名录》,以增强其国际影响力,则需要我们今后共同的努力。

（三）载体组成

档案是用符号在载体上记录历史的凭证,没有档案载体就没有档案。档案载体形态也反映了一定时期社会的发展水平,由当时社会生产力和科技文化的发展情况决定。从古代西亚苏美尔人的泥板文书、古埃及人的莎草纸,到古代中东地区帕加马人的羊皮书,再到中国造纸术西传后广泛使用的纸张和现代新型载体,档案载体形态发生了天翻地覆的变化。轻便的莎草纸的广泛应用有利于希腊、罗马奴隶制度社会的发展;耐久的羊皮纸适合保存和传播宗教典籍,增强了天主教会的影响力;批量生产的印刷书籍成为宣传宗教改革思想的有力武器;易于保存和传播的现代新型载体的出现进一步推动了资本主义的发展。

中国的档案载体经历了从甲骨金石、竹简木牍、缣帛卷帙、纸墨文书到胶片、相片、磁带等现代新型记录载体的演变，存储的容量不断递增，记录的方式更加便捷。中国入选《世界记忆名录》的文献遗产涉及甲骨、丝绸、纸张及现代新型载体四大类，类型演变跨度较大，单一载体的档案共计 9 项，占比为 69.2%，利用现代新型载体的档案共计 2 项，占比为 15.4%。其中，纸质档案所占比例最大，自从东汉蔡伦改进造纸术之后，纸张因为其耐久性相对较好而便于保存的特性成为古代档案文献遗产载体的首选。这里值得一提的是，由于中国地域广阔、民族众多，入选的文献遗产中纳西族《东巴古籍》原稿①使用的纸张为具有民族特色的东巴纸②，元代西藏官方档案③中部分档案是用藏文写于藏纸上的铁券④文书，体现了民族和地域特性。

德国入选《世界记忆名录》的文献遗产涉及金属、羊皮纸、纸质以及相片、胶片等现代新型载体四大类，载体演变的传承性体现较好。其中，单一载体的档案共计 20 项，占比为 86.9%，可见中德两国入选文献遗产所采用载体的复合性均较低；利用现代新型载体的档案共计 4 项，占比为 17.4%，比中国略高。

由此可见，两国在今后的档案文献挖掘中可以更加重视复合载体形式的档案文献征集，重视科技的发展，利用信息技术，在档案

---

① 纳西族《东巴古籍》原稿包含 1 000 卷手稿，用 2 000 多个象形文字记录了公元前 30 年到唐代，即公元 618—907 年的丰富内容，世界同类文献中只有它保存至今。
② 东巴纸是纳西族东巴祭司用来记录东巴经和绘制东巴画的一种专用纸，其纸厚实，纤维粗、抗蛀性强，经久耐用，在自然条件下可保存近千年而不朽，是当今世界上最古老、最原始的手工造纸。
③ 元代西藏官方档案是有关西藏归入中国版图的元代档案，包括当时元代中央政府与西藏地方之间来往的重要文件，以及由元代中央政府任命的西藏地方官员行使职权的一些重要文件。
④ 铁券是中国君主专制时代皇帝赐给功臣和重臣的一种带有奖赏和盟约性质的凭证。

的保护和利用中实现多元化载体形式。中国方面还要加强对不同载体类型的档案文献遗产的挖掘和保护,提升档案文献的保护意识。特别是通过阅读德国"缅甸国王雍籍牙致英国国王乔治二世的金箔信函"①的提名表,我们得知,缅甸国王也给中国皇帝发送过金箔信函,但被中国熔化成黄金而没有保存下来。当时英国国王乔治二世虽然对此信函并未理会,却将信交给了位于汉诺威城的皇家图书馆②进行存放[2],因此也才有了250年后德国、缅甸和英国三国联合申遗的佳话。

（四）申报方式

中德入选《世界记忆名录》的档案文献遗产的申报方式如图2所示。

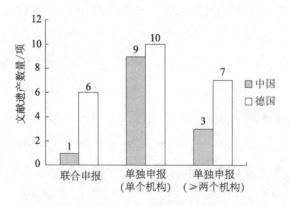

图2　中德入选《世界记忆名录》的档案文献遗产的申报方式

由图2可见,在中国入选的13项文献遗产中,仅有1项为联

---

① 1756年,缅甸国王雍籍牙为了确保和扩大自身的战略利益,曾致函拥有德国血统的英国国王乔治二世,信函的内容是关于以缅英商业贸易换取军事利益的建议。
② 今下萨克森州立图书馆-莱布尼茨图书馆的前身。

合申报，其他12项均为中国单独申报，联合申报的数量占比为7.7%。而在德国入选的23项文献遗产中，有6项为联合申报，其他17项为德国单独申报，联合申报的数量占比为26.1%。在单独申报的项目中，中国有3项文献遗产由两个及以上单位进行申报，占比为25%；德国有7项文献遗产由两个及以上单位（个人）进行申报，占比为41.2%。

由于历史和地理的原因，相比中国封建时期中央专制集权不断巩固加深，中世纪德国所处的神圣罗马帝国时期就如同中国的春秋战国时期，邦国林立，各国之间相互攻伐，"既不神圣，也不罗马，更非帝国"，因此许多珍贵的文献资料散落遗失。为了恢复档案原貌，需要联合申报，同时德国社会强调集体主义，团队合作意识强烈。因此，可以明显地发现，在申报的过程中，德国的合作和交流意识更强，更善于利用合作的力量推动申报工作的开展，也因此丰富了提名的文献遗产资源，大大提升了入选的成功率。

中国各朝代编史修志，注重图书典籍的收集和保管，因此自古以来历史典籍的传承较好，这为1997年至2013年中国国家图书馆、中国第一历史档案馆等机构的单独申报打下基础。自2013年"一带一路"倡议提出后，"共商、共建、共享"的发展理念深入民心，也渗透到档案工作的方方面面，出现了从跨省档案馆合作申报，到多省档案馆与科研院所合作申报，再到跨国档案馆联合申报的发展趋势。相信在未来我们会联合更多的力量，将更多中国的记忆推向更广阔的舞台。

（五）申报方

经过对中国入选文献遗产申报机构的搜集和整理可知，中国入选《世界记忆名录》的文献遗产由表1所示的机构进行申报,这些机构可以分为以下三类:档案和行政管理机关、图书馆、科研院所。这三类机构都属于文化事业管理机关,其所占百分比如图3所示。

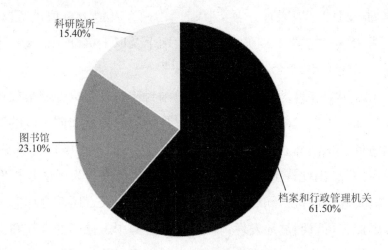

图3 中国入选《世界记忆名录》的文献遗产的三类申报方所占百分比示意图

从图3可以明显发现,在中国,作为档案收集、保护、管理和利用的机构,档案馆是《世界记忆名录》申报活动的主体,而同样是文化事业管理机关的图书馆和科研院所参与的力度相对较小,文物局、博物馆、文化馆等文博机构更是完全缺席。作为档案管理机构和图书馆的代表机构,中国国家档案馆和中国国家图书馆分别参与了两项文献遗产的提名申报工作。

通过参阅中国13项文献遗产的提名申报书,我们发现,除纳西族《东巴古籍》原稿的保存单位为云南丽江市东巴文化研究所和清代科举大金榜[①]的保存单位为中国第一历史档案馆外,其他文献

---

① 清代科举大金榜是通过清朝科举最高级考试"殿试"的及第进士名单,用汉文和满文在黄纸上写成。

遗产的申报机构也是其保存单位本身或之一。

由此我们可以归纳：中国入选《世界记忆名录》文献遗产的申报工作是在国家统筹规划后，在自上而下开展的活动中，各级档案馆是申报的主体单位，负责各自所有及保管的文献遗产的申报工作。

在对德国 23 项入选《世界记忆名录》的文献遗产提名表进行收集、翻译和整理后，我们发现，与中国由档案管理部门作为申报的主体不同，德国入选文献遗产的申报方构成多样，不仅有专业机构，还有专业人士。专业机构来源广泛，其中以图书馆为最。除了图书馆外，具体申报机构涉及基金会、博物馆、档案馆、研究院所、高校、世界记忆项目国家委员会等。其中，有 3 项文献遗产均是由德国慕尼黑巴伐利亚州立图书馆参与申报。世界记忆项目德国国家委员会也积极参与申报工作。在单独申报的 17 个项目中，图书馆、个人、世界记忆项目德国国家委员会、博物馆、档案馆及其他机构所占百分比如图 4 所示。

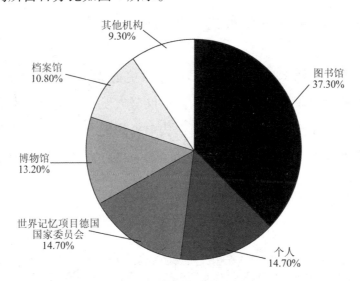

图 4　德国入选《世界记忆名录》的文献遗产中单独申报的申报方所占百分比示意图

通过阅读德国入选《世纪记忆项目》的文献遗产提名表，我们可以发现，有7项文献遗产的申报方不是其保存机构。德国的申报过程更为复杂，所开展的交流与合作也更为频繁。如欧洲中世纪的英雄史诗《尼伯龙根之歌》的三件最古老的手抄本①的所有方除了慕尼黑巴伐利亚州立图书馆之外，还有德国卡尔斯鲁厄市巴登-符腾堡州立图书馆和瑞士圣加伦修道院图书馆，但是前者在取得后两方的同意后，独自开展了申报工作，并于2009年成功入选。慕尼黑巴伐利亚州立图书馆不仅负责自己所有的文献遗产申报工作，而且也为其他机构所有的文献遗产贡献力量。

由此可见，德国入选《世界记忆名录》文献遗产的申报工作是经由世界记忆项目德国国家委员会指导，自下而上开展的申报活动，并取得了社会各方面的支持，与他国、机构和专业人士开展的合作与交流更多元更广泛。

三、共建——反观自身谋发展

西方国家档案事业发展较早，体系更为成熟。改革开放以来，我国档案事业取得了长足的发展，不仅努力发展全国档案事业，也积极参与国际档案事务。近年来，从中央到地方，档案文献保护与利用成果频出，国际档案交流与合作效果良好，在与世界记忆项目的对接中取得了一些成绩，但也存在不足。

---

① 《尼伯龙根之歌》是用中古高地德语写成的一部英雄史诗，是在1200年左右根据更早期的口耳相传转录誊写的作品，列入《世界记忆名录》的《尼伯龙根之歌》是三部独立的羊皮纸手稿。

（一）我国在世界记忆项目中取得的成绩

1. 档案文献遗产保护有序发展

为了与世界记忆项目接轨，加强社会各界保护文献遗产的意识，我国于1996年成立世界记忆中国国家委员会，于2000年启动"中国档案文献遗产工程"项目，开始有计划、有步骤地抢救和保护我国档案文献遗产。2001年，由季羡林先生任名誉主任的"中国档案文献遗产工程"国家咨询委员会正式成立，大大提升了入选文献遗产的权威性和准确性。[3] 截至2019年上半年，国家档案局组织召开"中国档案文献遗产工程"国家咨询委员会评审会，评定通过4批共142项文献遗产入选《中国档案文献遗产名录》。该项目在提出保护和利用具有国家级文化价值的档案文献的具体办法的同时，也为中国档案文献遗产申报《世界记忆名录》打下了基础。

2. 积极参与国际活动

为及时了解档案专业国际前沿，近年来我国从国家档案局到地方档案馆都积极参与由世界记忆项目及国际档案理事会举办的各项专业活动，如参加联合国教科文组织的"加强信息全球化与可持续发展平台"项目，承办世界记忆项目亚太地区档案保护工作坊、国际档案理事会东亚地区分会等国际会议，并组织开展世界记忆项目与地方档案事业发展主题研讨会、世界记忆项目在中国国际学术研讨会等国际性学术交流和研讨活动。[4]

3. 中国记忆不断发声

为扩大在档案专业领域的影响力，我国积极为国际组织输送管理人才。国家档案局局长李明华于2014年当选世界记忆项目亚太地区主席，2015年当选国际档案理事会东亚地区分会副主席。国内越来越多的档案工作者在国际领域有所建树，大大提升了我国在国际档案界的话语权。[4]

4. 建立新型档案合作关系

为了加强国际交流与合作，2013年至2017年间，我国国家档案局与葡萄牙、印度尼西亚、土耳其等国签署了档案合作协议，并开展了交换档案目录、交流档案保护经验等活动。先后成立世界记忆项目澳门学术中心、北京学术中心、福建学术中心和苏州学术中心，其中2016年成立的澳门学术中心是世界记忆项目首家学术中心。

（二）存在的不足

尽管在"世界记忆项目"背景下中国档案事业取得了诸多成绩，但是由于世界记忆项目在中国的推广时间不长，相关工作还存在一些不足。通过对中德入选《世界记忆名录》文献遗产的对比分析，可以发现我国在文献遗产工作上的不足之处。

1. 文献遗产保护与利用的意识仍须提升

自参与世界记忆项目以来，各地对档案文献遗产的态度有所改变，不再是一味地"重藏轻用"，而是积极地探索区域合作，加强档案文献遗产的保护与宣传。但是，在民间，真正了解"世界记忆"、参与文献遗产拯救与保护的民众数量仍然有限。如何进一步提升民众保护文献遗产的意识，提高各项活动的参与度，仍然是今后需要关注的问题。

2. 文献遗产的申报准备工作仍须完善

我国档案资源丰富，图书典籍保护的历史悠久，许多珍贵的文献遗产亟待拯救与保护。然而，由于保护技术落后、资金缺乏等原因，有些地区保护状况不容乐观。如果文献遗产能入选《世界记忆名录》，则不仅表明联合国教科文组织对其价值和重要性的肯定，而且该文献遗产保存单位的地位将大大提升，国际专家和专业组织将为文献遗产的保护与利用提供理念、技术和资金方面的支持。在名录申报的过程中，我国文献遗产提名的主题类别仍须丰富，申报方的规模仍有提升空间，专业人才队伍需要加强。

3. 文献遗产的合作与交流仍须加强

通过中德入选《世界记忆名录》文献遗产的对比，我们可以发现，中国在档案文献的交流和合作方面取得了不少进步，但与德国等国家相比，仍存在不足。除去地缘、历史等一些原因，中国在联合申报方面仍有发展的空间，通过共同整理、共同研究，可以使申报的文献遗产更加充实并更加系统化。

四、共享——美美与共促和合

我国档案资源丰富，图书典籍保护的历史悠久：1 200年前的藏医宝典，800年前的西夏文佛经，独特的永州女书，中国史学四大发现之一的甘肃秦汉简牍，蒙古族土尔扈特部万里东归的记载，堪称世界宗谱之最的清代《玉牒》，中国百科全书式的文献集《永乐大典》……文字不同，形态迥异，五彩缤纷，交相辉映。

文化是民族的，也是世界的。特别是全球化深入发展的今天，人类命运交织与共，全球移民和社群移动频繁，档案的可持续发展、少数民族的权利及殖民档案的召回、数字时代档案收集与鉴定、电子文件保管与利用的法规和标准等问题是全球各国共同面临的问题。[5]

在这样的全球化治理的环境中,习近平主席以"和"文化理念提出对待世界文明的四大原则:一是维护世界文明多样性;二是尊重各国各民族文明;三是正确进行文明学习借鉴;四是科学对待传统文化。[6]在此,结合新时代"和合学"哲学思想和习近平主席提出的四大原则,对于世界记忆背景下中国文献遗产的保护与利用提出以下建议。

(一)借鉴全球档案规范,完善档案文献遗产保护与利用的政策和标准

我国档案文献遗产保护政策主要由国家档案局及国家咨询委员会制定,缺乏图书馆、博物馆、文化馆等其他文化事业单位的广泛参与。此外,中国档案行业标准对国际标准的采标率相对较低。据2016年国家档案局网站和国家标准文献共享服务平台相关数据统计,中国37项档案相关国家标准仅有17项采用了国际标准(包含修改采用和等效采用),所占比例为46%。[5]

因此,我国档案文献遗产保护政策的制定工作需要与国际国内文化政策、文化遗产保护政策、国际档案标准接轨,在借鉴与学习的基础上制定新的符合国情与实际的政策,完善相关档案标准。同时,各家档案文献遗产保存单位需要结合自己的具体情况,制定更加个性化的档案文献保护制度。例如,2018年3月1日,广东省档案局针对自身情况制定的《广东省侨批档案保护管理办法》正式实施,广东侨批档案①的保护和管理有了法律依据。各相关单位应通过统一的政策调控、切实的制度建设和可操作的标准实施,为我国

---

① 广东侨批档案专指海外华侨通过海内外民间机构汇寄至国内的汇款和家书,是一种信、汇合一的特殊邮传载体。

档案文献遗产的保护和利用提供政策保障。

（二）构建档案话语体系，加强档案文献保护专业化人才的培养与交流

进入21世纪以来，我国的档案事业得到了大力发展，但相对西方国家而言，我国对现代档案工作的理论研究和实践探索起步较晚，发展不够成熟，人才队伍建设也不够完善。例如，当前国内掌握档案文献修复、缩微复制等技术的专业技术人员为数不多，参与国际档案规则标准制定的中国档案领域专家学者更是凤毛麟角。因此，我国需要构建档案文献保护与利用人才培养体系，以培养专业水平过硬、拥有国际视野、具备国际合作能力的档案人才。

对于人才的培养，首先是针对青少年。我们可以将与世界记忆有关的内容纳入官方课程，通过与政府相关教育部门开展合作，提升青少年保护文献遗产的意识。例如，世界记忆项目苏州学术中心联络当地学校大力开展"世界记忆项目进校园"活动，组织建立档案文献遗产保护志愿者队伍；为了将档案更好地融入课本，为青少年量身打造"我是档案迷"丛书。

其次是针对高层次人才。对于档案文献遗产保护与利用的硕士点、博士点建设方面，特别是在偏远地区，我国应采取倾斜政策和试点扶持政策，完善档案人才的储备；另外，应建成并充实档案遗产保护与利用的人才信息库，通过定期和不定期的培训以及与文物保护界的交流学习，提升档案文献遗产保护与利用人才的专业能力。[3]

最后，通过国际档案理事会"新入职档案工作者项目"（New Professionals Programme）和高等院校国际档案人才联合培养等项

目，拓宽人才培养的途径。在全球档案业务活动中，我们应准确理解东西方文化背景差异，在参加国际活动过程中相互尊重、求同存异，展现中国档案工作者与时俱进、包容厚德的友好形象。[4]未来，我们将更有能力进入全球档案话语体系的核心地带，将具有中国特色且经过国际化实践的档案工作理论与经验传播扩散，推动世界档案事业的发展。

（三）加强档案双边合作，巩固以合作共赢为核心的新型档案合作关系

作为全球第二大经济体，中国在档案和文件管理方面的活动与经验对全球档案事业的发展，特别是对发展中国家档案事业的发展具有重要的借鉴意义。中国应积极参与由世界记忆项目国际咨询委员会、国际档案理事会等国际机构开展的各项国际活动，既要向档案学发展成熟的国家学习交流经验，又要通过宣传和推广中国档案发展的经验，支持和帮助发展中国家的档案事业发展，以巩固合作共赢的新型档案合作关系。中国档案人可以积极向国际咨询委员会、国际档案理事会等机构推荐特色的档案活动，或撰写新闻稿发布在联合国教科文组织、国际档案理事会等的官网"News Letter"栏目中，以交流档案工作的经验，展示中国档案工作的魅力与智慧。[5]

由于历史和政治等原因，现代文献遗产在其解读的过程中可能会面临政治上的争议，某些国家为达到篡改历史、美化战争的目的，围绕某些文献遗产，制造了一些国际冲突。在这种情况下，我们应联合其他热爱和平、尊重历史的国家，共同整理记录人类创伤性记忆的历史档案，如慰安妇档案，使其获得申遗的成功，以达到

进一步还原历史、警示人类的作用。

同时,我们还应通过国际和国内的交流学习,共同开发利用已入选的档案文献遗产。例如,佛罗里达大学罗伯特·列文(Robert Levine)教授主持完成了"19世纪拉丁美洲摄影收藏"中的全部照片数字化工作,通过项目成员国系统地整理挖掘,较为真实地再现了拉丁美洲历史和文化的发展进程。由德国萨克森-安哈尔特州哈雷-维滕贝格大学的州立史前历史博物馆申报的"内布拉星象盘"成功入选《世界记忆名录》,同为研究天文学并入选《世界记忆亚太地区名录》的"赤道南北两总星图"[①] 的申报和保管单位可以与德国相关机构就文献遗产的保护和利用进行交流与合作,共同推动该文献遗产的深入研究和学习。

(四)推进数字档案建设,实现珍贵文献遗产的永久保护和无门槛利用

档案遗产的数字化不仅有利于遗产原件的保存与保护,而且也为民众的无门槛利用提供了便利。例如,依托北京厚重的历史文化底蕴和丰富的学术研究资源,世界记忆项目北京学术中心已经着手网站建设,北京记忆网站、高迁村数字记忆网站和中国古代档案库房建筑探秘网站均已上线运行。北京学术中心的网站探索为其他地区的数字化建设提供了借鉴和参考。

与此同时,我们也应该建立一个中国档案文献遗产保护与利用的门户网站,以及时、准确、权威地公布遗产资源,提升民众保护与利用的意识,促进国际国内信息交流;也可以利用该平台加快各

---

① 赤道南北两总星图制于明崇祯七年(1634年),为木印彩绘纸本,主要内容为两个大图:南赤道所见星图,北赤道所见星图。

地区档案文献遗产的信息化整合，以建立中国珍贵档案文献遗产数据库。

"一带一路"倡议中的"共建""共商""共享"的发展理念不断被世界各国所认可，作为"一带一路"沿线国家和地区合作发展活动中产生的原始记录，档案承载着诸多经济交流、政治合作等方面的社会记忆。我们要把握"一带一路"倡议的契机，努力巩固新型档案合作关系，整合国际合作项目的档案资源，搭建基于互联网平台的"一带一路"专题档案库。[5]

在数字档案建设的过程中，我们需要在技术研发、学术研究方面加大投入力度，积极学习国际先进的预防性保护技术和修复技术，组织不同学科的专家进行交流学习，唤醒全社会保护文献遗产的意识，形成保护档案文献遗产的合力。

1913年4月25日，一位德国录音师赫尔伯特·缪勒采用了蜡筒录音的技术，在离德国驻华大使馆不远的北京东裱褙胡同，为中国某位宫廷盲人古琴演奏者录制了四首录音：《平沙落雁》《四大景》《高山》《普庵咒》。百年前的古琴录音曾被有心的异国人士所收录并珍藏至今，成为中国最早的古琴录音。而这珍贵的录音一直被收藏在德国柏林声音档案博物馆里。历史在交流共享中被记录，文化以文献遗产保护的形式被传承。

入选《世界记忆名录》不是终点，而是开始。世界记忆项目为全球档案文献遗产的保护与利用提供了新的机制，为中国档案文献遗产的保护与利用提供了新的契机。在"和合"思想的指导下，在充满机遇与挑战的新时代，我们档案人将为人类命运共同体的建设贡献自己的力量，努力推进人类各种文明交流交融、互学互鉴。文明如水，润物无声，以开放包容和平等交流推进文化互鉴，让多元文化共生并进，我们一定能书写更加激荡人心的文献遗产保护与利用的华章。

参考文献

[1] 习近平.之江新语[M].杭州:浙江人民出版社,2007.

[2] 张一鸿.世界记忆名录:1997—2015[M].北京:世界知识出版社,2018.

[3] 周耀林,宁优."世界记忆工程"背景下"中国档案文献遗产工程"的推进[J].信息资源管理学报,2014:36-44.

[4] 李文栋,刘双成.积极参与国际事务深化对外合作交流——党的十八大以来档案外事工作稳中有进[N].中国档案报,2017-09-18(1).

[5] 王玉珏,李子林.中国参与全球档案治理:时代、机遇与路径选择[J].兰台世界,2018(10):13-17.

[6] 林治波."君子和而不同"的解读[J].人民论坛,2005(4):78-79.

作者简介

姜楠，女，苏州市工商档案管理中心文献遗产保护监管科科员。

陈鑫，女，苏州市工商档案管理中心主任助理兼文献遗产保护监管科科长，副研究馆员。

卜鉴民，男，苏州市档案馆副馆长、苏州市工商档案管理中心主任，研究馆员，首批全国档案专家（档案收集鉴定领域）。

世界记忆项目与学术中心

世界记忆项目的未来和世界记忆项目韩国学术中心的作用[①]

李相虎

一、前言

众所周知,联合国教科文组织(UNESCO)发起的世界记忆项目正处于重要的过渡期。世界记忆项目关注的是人类文化的重要遗产,同时也致力于保护和利用濒临损坏与消失的其他文献遗产。毫不夸张地说,人类正在创建的先进文化和科学技术均以人类迄今为止积累的文献遗产为基础。这是因为文献遗产可将个人记忆转化为共同记忆,通过保护这些文献遗产,又可将一代人的记忆变为全人类的记忆。因此,文献遗产的保护与记录同样重要,而在该过程中努力保存人类共同记忆也十分关键。

世界记忆项目由联合国教科文组织发起,旨在提出有效保护文献遗产的方法,并建立需要人类铭记的文献遗产名录。文献遗产收录工作于 1992 年进入商讨阶段,并于 1997 年正式开展。MoW 是"世界记忆"英文的缩写。由此可见,该项目非常重视保护文献遗

[①] 本文改编自作者于 2019 年 8 月 7 日在"发展中的世界记忆"国际学术研讨会上的发言稿。

产，特别是记载了人类必须铭记的事件、人物、文化习俗和实践的文献遗产。因此，该项目将重点采取措施"促进普遍利用"，致力于与世界共享人类必须铭记的重要文献遗产，并共同努力保护这些遗产。

在此情况下，一些国家在部分文献遗产的入选上产生了一些分歧，这有悖于世界记忆项目的初衷。当然，这不仅仅是历史认知的问题，还在于某些人急于创造今日之成就而不对过去进行自我反思，反而试图美化自身国家历史。尽管如此，在世界地缘政治背景下，世界记忆项目需要一种新的制度，该项目也可能因此产生变更。需要注意的是，政治解读方面存在差异的现代文献遗产在未来入选时会有一定困难。在这一过程中，预计可能建立一种外交干预制度，由此部分国家外交部门可在完全依赖于专家决策的现有收录制度的基础上进行干预。

本文即以这种现状为背景。世界记忆项目旨在通过保护文献遗产，传承和构建"人类共同记忆"。如今正是我们预测世界记忆项目走向、探讨如何重拾项目初衷的时候。为此，本文预测了当前以联合国教科文组织为核心的世界记忆项目的变更情况，同时分享了关于世界记忆项目学术中心的信息，期望通过该中心重拾世界记忆项目的初衷。文中集中阐述了韩国在世界记忆项目韩国学术中心成立文献遗产中心的目标和相关活动，探讨如何创造世界记忆学术中心的未来价值并达成世界记忆项目的最初目标。

二、世界记忆项目的变更和对世界记忆项目学术中心的需求

2019年，世界记忆项目收录工作自20多年前启动以来出现首次暂停。此次暂停的原因是，日本不断对中国于2015年申报南京大屠杀文献遗产和慰安妇文献遗产一事提出异议，并将该事件上升为外交问题。本次事件和相关阻挠行动仅仅是日本类似动作的开始。2015年，日本阻止中国将"慰安妇文献遗产"申请为世界记忆文献遗产；2017年，日本再次对世界八国共同提出并已获得国际咨询委员会（IAC）提名的慰安妇文献遗产申报提出反对。同时，日本坚持要求重新调整世界记忆项目收录程序。联合国教科文组织迫于会费等压力，最终接受了日本的要求，启动了调整程序。由于此类事件的发生，世界记忆项目收录工作于2019年暂停，甚至无法接受申报。

联合国教科文组织和国际咨询委员会共同成立了工作小组来制定新的收录程序，并计划于2019年10月左右，即事件发生后近两年对有关草案进行最终表决。新程序草案已基本制定完成，从截至目前披露的内容来看，新程序似乎将在很大程度上反映日本的诉求。各国工作小组需要根据目前所有已知资料对涉及不同国家利益的文献遗产的收录程序进行规划整理，有关问题的草案似乎已基本确定。

假设这些内容将得以实施，那么我们可对世界记忆项目的未来走向做出预测。首先，调整后的世界记忆项目可能将对涉及认知差异或申请异议的文献遗产优先对有关国家实施协商制度，再启动相

关入选程序。换言之，联合国教科文组织将不会对存在国家认知差异的文献遗产进行评估，而将通过引导有关国家相互协商来完成文献遗产的收录。为此，我们认为工作组还对调解制度进行了探讨，并很可能将该制度纳入新的收录程序。

目前，世界记忆项目通过国际咨询委员会进行入选评估。国际咨询委员会是一家专业咨询机构。在无特殊问题的情况下，联合国教科文组织通常根据国际咨询委员会的建议对申请项目进行收录。同时，除了国际咨询委员会的评估和收录建议外，新的收录程序还将包含各国代表的最终表决。在世界遗产的现有收录程序中，专业咨询机构国际古迹遗址理事会（ICOMOS）给出建议之后，最终由各国的外交官代表做出收录决定。当然，这种程序的实施是由于世界遗产项目是"各国共同议定的项目"，同时日本又坚持将该程序纳入世界记忆项目。在目前情势下，世界记忆项目也极可能实施这种国家协商原则。

从这个角度来看，在有关国家达成一致前，要将存在认知或解读差异的文献遗产最终收录到世界记忆名录中面临着巨大困难。而涉及有殖民与被殖民历史的国家（如日本与韩国）间不同认知的文献遗产，其收录尤为困难。涉及侵略问题且有关国家认知不同的其他文献遗产也是如此。实际上，过去对此类文献遗产的申报，多数都能获得成功，这主要归功于国际咨询委员会提出的专业化收录建议，但若在收录程序内增加代表各国利益的最终决策机构，则有关国家在文献遗产不利于本国利益时很可能会阻挠收录工作。

此外，世界记忆项目经过收录程序变更后将难免产生不同的目标。尤其对于记录了不良历史的文献遗产的收录工作而言，这一变更极可能影响世界对防止人类历史重蹈覆辙而做出的努力。妨碍将战时征召慰安妇的文献遗产收录为联合国教科文组织世界记忆文献遗产，无疑将使防止未来战争重现慰安妇悲剧的努力中道而止。就像俗语所说，"可耻的历史也是历史"，即便历史上有错误，也是人类需要铭记的重要记忆。从这一点看，世界记忆项目肯定会受到某种影响。

收录程序变更后，政治影响将变得不可忽视。同时，人类必须铭记的重要文献遗产未来可能因国家间政治逻辑干扰而无法收录成为世界记忆。在这一背景下，国际咨询委员会倡导的世界记忆项目学术中心项目具有十分重要的意义。世界记忆项目学术中心虽然是在2015年决议发起的新项目，目前影响力还有限，但在发展成熟后，预计将对人类具有重要意义。

世界记忆项目学术中心将把世界记忆项目的核心从"收录"转向"利用"。众所周知，自1997年首次收录以来，世界记忆项目共收录了429项遗产。但是，世界记忆项目启动后，多数国家仅注重如何成功入选《世界记忆名录》中，而忽视了世界记忆项目的真正意图，即"保护世界记忆、促进世界记忆的普遍利用，以及提醒人们认识到世界记忆的存在和重要性"。但是，要实现提高人们对世界记忆重要性的认识和促进世界记忆普遍利用的初衷，除了收录工作之外，还需要一个新的项目。"世界记忆项目学术中心"正是应这种需求而发起的。

基于这种需求，世界记忆项目学术中心致力于提高人们对世界记忆重要性的认识和促进世界记忆的普遍利用，而非文献遗产收录工作本身。因此，世界记忆项目学术中心建议组建数据库并长期运行，以促进世界记忆的普遍利用并收集数据。此外，世界记忆项目学术中心还发起了与世界记忆相关机构的合作项目，收集优秀案例,并将相关研究和教育项目列为工作重点。同时,世界记忆项目学术中心为世界记忆项目与世界遗产和非物质文化遗产项目形成协同效应奠定了基础,并致力于设定自身的发展方向,从而实现向全世界传播优秀案例的目的。各国的世界记忆项目学术中心也以其所拥有的文献遗产为重点,开展上述项目。同时,有必要通过开展一些项目来提高人们对文献遗产可利用性和重要性的认识。

出于上述需求,有关方面在2013年第11届韩国光州国际咨询委员会全体会议期间向联合国教科文组织总部递交了《世界记忆项目学术中心组建建议书》,开始了关于世界记忆项目学术中心的讨论。当然,各方先前已就成立世界记忆项目学术中心进行过探讨,但此次建议书的递交标志着世界记忆项目学术中心组建程序的开始。在此基础上,世界记忆项目学术中心组建事宜在2015年阿联酋阿布扎比第12届国际咨询委员会全体会议通过《教育和研究分委会2013—2015年项目报告》中的《世界记忆项目学术中心第三阶段组建(国际/地区/国家)建议书》后正式提上日程。此后,再经联合国教科文组织秘书处和秘书长将该建议书批准为教科文组织行动计划(联合国教科文组织第191届执行委员会《临时议程》第11条第1部分第2款),即可开始组建工作。

在这三个阶段中,国际筹备工作由国际咨询委员会教育和研究分委会负责,地区工作责任机构则尚未确定。目前,世界各国正在积极筹备和组建自己的世界记忆项目学术中心,其中中国成立了世界记忆项目澳门学术中心和世界记忆项目北京学术中心,而韩国也于2018年6月1日成立了世界记忆项目韩国学术中心。加上中国随后于同年在福州和苏州成立的两家学术中心,目前世界上共有五家世界记忆项目学术中心。

三、韩国国学振兴院和世界记忆项目韩国学术中心

人们对世界记忆项目韩国学术中心最多的疑问是,为何选择韩国国学振兴院建立学术中心呢?这也是韩国国学振兴院在被问及成立学术中心的目的时所思考的关键问题。在回答该问题时,我们认为有必要先详细介绍该院的职能和管理模式。

韩国国学振兴院成立的基本目标是收集和保护存在损坏和消失风险的民间文献遗产。韩国国学振兴院的成立源于1970年安东大坝建设期间提出的直接政策性需求。在安东大坝的建设过程中,一些甚至比联合国教科文组织世界遗产安东河回村保存更加完好的重要大型传统村落遭到淹没。其中仅部分指定文化遗产得到仓促抢救,而多数作为村落文化结晶的文献仍然埋身海底。此后,韩国农业经济遭遇雪崩,韩国私立书院、乡校等重要民间文献遗产出现财政管理困难。这种形势下,亟须成立有关机构,收集和保护重要的文献遗产。

很多人都知道,韩国文化遗产的现有管理体系采用的是指定保护方式,即国家(或地方政府)指定和管理的历史遗存由指定地方的资源和人员进行保护。虽然如此,个人也可以成为历史遗存保护的主体。但是20世纪七八十年代韩国农业经济遭遇滑铁卢,管理主体快速解体。由民间保护、未受政府指定的文献遗产因此遭遇了损坏和消失的危机。其中,许多文献遗产具有极高的文化价值,但因尚未经过认定,其损坏和消失的可能性更高于其他文化遗产。这就是成立韩国国学振兴院并以"收集和保护存在损坏和消失风险的民间文献遗产"为核心任务的原因。时至今日,韩国国学振兴院最

重要的使命仍是通过保护民间文献遗产，向子孙后代传递遗产价值。

2001年12月，韩国国学振兴院获赠三个种类、共257片的"儒教雕版印刷木刻板"和绫城具氏家族（Neungseong Gu Clan Baekdam Family）的8块牌匾，自此便开始了资料收集和保存工作。大约17年后的2019年8月，韩国国学振兴院已收藏约54万件文献遗产，成为目前韩国国内文化和文献资料保护机构中文献和遗产数据保存数量最多的研究院。这是该院忠实履行自身职能，收集和保护濒危文化和文献资料，满足社会和政策需求所获的成就。虽然收集和保护濒危文献的主要工作是保存有关文献资料，但更重要的是须确保所保存资料在现代社会的可利用性和适用性。国学振兴院已开始着手鉴定各项文献是否具有现代价值，同时，文献遗产保护需求也将增加。而且，这部分工作同多种多样的项目有关联，这些项目与韩国国学振兴院成立的宗旨相适应。

为了进一步扩展收集和保护文献遗产这一基础职能，合作鉴别和分享文献价值显得十分重要。为此，自国学振兴院成立之初，藏品展览就是该机构活动的重要组成部分。最初，设立展览馆的主要目的是提高人们对文化遗产的认识，分享珍贵的公共资料。但随着展览目的的转变，国学振兴院设立了以儒家思想为主题的专业性博物馆。此外，该项目的重点在于从专家的角度确证，并用与现代公众共享的方式来阐明文献遗产的价值。围绕民间文献遗产开展的多种学术竞赛、研究、研究支持和研究型创作成为将韩国国学振兴院发展为韩国代表性文献研究机构的重要推动力。

值得注意的是，电子化是促进民间文献遗产的普遍利用并实现其价值共享的最重要项目。作为保护和利用高度濒危纸质文献资料的唯一办法,以数据库和档案建设项目为载体的文献电子化备受瞩目。这种即使纸质资料灭失但至少电子版数据能够得以保存的想法获得了广泛认可。此外,通过文献资料电子化,各类研究人员和专家可轻松获取有关文献,除了方便研究外,也便于以传统文化为养分的创作者和作家随时利用这些资料。作为奠定研究基础和构建文学创作生态系统良性循环中极重要的一环,文献资料电子化获得了极大关注。

在这一过程中,韩国国学振兴院还意识到需要提高民间文献遗产的价值。与奎章阁和藏书阁皇家资料相比,即便是研究人员曾经也认为民间文献遗产不具有特别高的价值。当然,奎章阁和藏书阁资料展现了韩国最优秀的文献文化,是韩国重要的文献遗产,这毋庸置疑。但民间文献遗产各具特色,获得方式也不尽相同,同样具有不一样的价值。通过价值挖掘来强调对民间文献遗产的保护,并为此构建良好的社会环境是国学振兴院工作中亟待加强的一部分。为此,世界记忆项目学术中心开展了广泛的正式审批工作,涉及从指定文化遗产收录方法到将民间文献遗产申报为联合国教科文组织世界记忆等各项内容。

在此过程中,韩国国学振兴院关注了民间用于出版诗集的"儒教雕版印刷木刻板",并通过收集和研究工作对其进行了价值挖掘。2015年10月10日,韩国718种共计64 226块"儒教雕版印刷木刻板"成功入选联合国教科文组织《世界记忆名录》。此外,550张韩国框饰画也于2016年成功入选联合国教科文组织亚太地区文献遗产。这意味着,民间文献遗产的价值在国际上获得了比在韩国国内更加广泛的认可。此外,2018年2月,《万人疏》(*Maninso*)也入选联合国教科文组织亚太地区文献遗产。2017年10月底,以国债报偿运动纪念协会为核心的"国债报偿运动"成为世界记忆的申报工作获得了成功,与此同时,韩国国学振兴院拥有的52个档案也随之成功入选《世界记忆名录》。得益于此,国学振兴院一跃成为拥有四类联合国教科文组织世界记忆项目的机构。

世界记忆项目韩国学术中心(简称"中心")正是在这样的背景下设立的。挖掘文献遗产价值、增加公众可得性不仅与韩国国学振兴院的成立宗旨相吻合,同时也是联合国教科文组织发起世界记忆项目的目的所在。此外,保存民间文献遗产中的韩国优秀文献文化并将其推向全世界也是设立世界记忆项目韩国学术中心十分重要的原因。出于这些原因,韩国国学振兴院希望通过世界记忆项目韩国学术中心及优秀文献文化宣传,与公众分享文献价值,并为遗产传承奠定基础。

为此,2016年国际咨询委员会教育和研究分委会向韩国国学振兴院提出了成立世界记忆项目韩国学术中心的建议。韩国国学振兴院经过审查认为,世界记忆项目学术中心的宗旨与自身的宗旨实质性吻合,即以保护民间文献遗产、提高民间文献遗产认识为最重要目的。同年11月8日,国学振兴院与国际咨询委员会教育和研究分委会签订了《联合国教科文组织世界记忆项目学术中心组建协议》。这意味着韩国国学振兴院同意在院内设立国家级学术中心,即世界记忆项目韩国学术中心。根据协议,韩国国学振兴院从2017年开始着手成立世界记忆项目韩国学术中心的具体准备工作,并于2018年6月1日为学术中心正式举行了揭牌仪式。

世界记忆项目国家性学术中心与国际和地区性学术中心不同,其旨在为各国世界记忆有关项目提供支持。因此,其主要目的在于提升国民对韩国世界记忆的认识,并分享其价值。此外,世界记忆项目韩国学术中心还将致力于促进韩国记忆项目的普遍利用，以及向韩国民众宣传世界记忆研究和教育项目。为此，韩国国学振兴院世界记忆项目韩国学术中心将以下内容列为重要项目。

第一，收集与韩国记忆项目使命、收录、项目和历史有关的全部基础资料，以及与韩国记忆项目有关的所有资料，包括古代文献及入选为世界记忆和地区文献遗产的韩国文献。换言之，即传递世界记忆项目的丰富历史、内涵和项目的资料，以及能够通过世界记忆各类相关文献提升有关认知的资料。

第二，发挥积极作用，促进世界记忆相关基础资料的普遍利用，提供相关协助，推动数据库的发展以及韩国记忆项目相关文献名录的长期使用。通过出版物或文档建设，并结合相关文件和数据库建设，帮助各方轻松获取与世界记忆有关的文献资料。

第三，通过与韩国记忆项目相关的非政府组织、学者和文献遗产相关机构（档案馆、图书馆、博物馆等）合作，举办或协办各类相关活动，为世界记忆相关机构、人员和项目提供协助和支持。

第四，重点收集文献遗产保存、恢复和数字化的优秀案例，用于开展国际研究和资料分享。

第五，推广针对学生和教师的世界记忆教育培训，制作教育资料，协助编制在全球范围内进行韩国文献遗产宣传教育的有关资料。

第六，提供与韩国世界文化遗产（自然遗产）和非物质文化遗产项目存在协同效应，以及在全世界传播优秀案例中扮演重要角色的集藏文献遗产的相关资料和项目的背景信息。

四、2018—2019年间世界记忆项目韩国学术中心开展的活动

那么，韩国国学振兴院为世界记忆项目韩国学术中心确定了哪些职能，同时又是如何运行世界记忆项目韩国学术中心的呢？如前所述，世界记忆项目学术中心的目标十分清晰，因此国学振兴院对其详细职能也做了明确界定。其中，世界记忆项目国家性学术中心重点关注的是国家拥有的、服务对象是全部国民的世界记忆。在此基础上，韩国国学振兴院目前通过世界记忆项目韩国学术中心所发挥的作用及开展的具体项目如下：

目前，韩国国学振兴院学术中心是韩国唯一一家世界记忆学术中心。然而，韩国的16项世界记忆分别由15家机构管理。对于国学振兴院而言，由于其必须在"韩国记忆项目"方面发挥"学术中心"的作用，因此与其他14家机构有关的工作以及与联合国教科文组织韩国国家委员会、文化遗产管理局和联合国教科文组织世界记忆亚太地区文献遗产秘书处等世界记忆相关工作主管机构的合作也就显得至关重要。出于这些原因，韩国国学振兴院正努力寻求首先与其他14家机构签署谅解备忘录，作为世界记忆项目韩国学术中心项目的一个部分。在此基础上，韩国国学振兴院于2018年5月3日与其中10家机构共同签署了谅解备忘录。此外，由13个机构组成的顾问机构也已投入了运行。该机构的设立为促进韩国记忆项目的普遍利用及高效推动各类宣传和教育活动奠定了基础。

在这种基础上，韩国国学振兴院开始了有关工作，使公众能够更容易地接触韩国记忆项目。实际上，国学振兴院把注意力集中在

参与世界记忆申报的专家和遗产管理人员身上，于2018年12月出版了《韩国世界记忆》一书，对16个韩国记忆项目进行了介绍。通过首个合作项目，国学振兴院进一步加强了人员网络，为未来多元化项目奠定了基础，同时也为向读者引荐有关韩国记忆项目的最完整的书籍创造了机会。2019年，国学振兴院又以世界记忆或在世界记忆申报过程中发生的有趣故事为主要内容，联合撰写了《世界记忆故事》（暂定名），希望传播世界记忆的价值。该书此后将建成电子档案，以便公众查阅所需信息。

自2019年以来，世界记忆项目韩国学术中心将工作重点向教育工作倾斜。在这方面，学术中心于2018年以初高中任课教师为对象开展了世界记忆教育项目，为这些教师在各个学校开展世界记忆教育打下了基础。同年，中心推出了相关试点教育项目，并于2019年将其确定为常规项目。此外，在2019年，针对内容和创意专家，中心开展了关于韩国世界记忆的培训项目。通过这些教育和培训，可以预估将来公众对于世界记忆的认识会提高。

同时，中心还针对初高中学生开展了有关教育活动。例如，中心在2018年举行了两次"世界记忆宣传活动：学生视频夏令营"活动。在选定了参与活动的初高中学生后，中心花费三天两夜时间制作了宣传韩国世界记忆内涵和价值的视频并进行了放映。在活动中，学生深入了解了世界记忆，并在此基础上体验了广播节目的实际制作过程。同时，中心还对学生制作的8个视频作品进行了展映。2019年，中心拟再举行两次夏令营活动，首次在7月举行，第二次则计划于10月举行。

此外，2019年的一项特殊工作是在国内重点大学的课程中加入世界记忆讲座。目前，中心已收到了有关申请，并编制好给5所学校讲座用的世界记忆项目提名的申请表格,支持负责实践事务的专题讲师专家的项目也预定于第二学期启动。此外,通过对主要世界记忆和世界遗产的实地参观,学生将加强对世界记忆的认识。同时,如果重大活动要求针对初高中学生提供世界记忆相关专题讲座,中心还会对有关讲师专家提供支持。通过这些工作,中心有望在2020年年底完成在各个重点大学设立和开展世界记忆讲座活动。

与此同时,为了进一步增加大学师生对世界记忆的认识,中心还计划于2019年下半年起开展"世界记忆巡回展览项目"。韩国国学振兴院所拥有的世界记忆为"儒教雕版印刷木刻板",其保存场馆不对公众开放。因此,有必要通过其他办法,让公众实际接触"儒教雕版印刷木刻板"或更好地理解其意义。为此,韩国国学振兴院正加大投入,制作"儒教雕版印刷木刻板"模型,举办巡回展览并形成办展体系,方便公众观展和体验。通过参观有关"儒教雕版印刷木刻板"制作过程的展览,公众能够实际体验文献的保存工作并认识文献的重要性。目前,巡回展览正在筹备当中,预定将于2019年年底首次与公众见面。

最后,学术中心还跳出世界记忆的限制,努力加强与韩国的联合国教科文组织世界文化遗产和非物质文化遗产项目的协同作用,在全世界范围内传播各类优秀案例。事实上,许多韩国记忆项目都与文化遗产和非物质文化遗产有着直接联系。韩国国学振兴院所在地安东市是一座文化遗产名城,拥有联合国教科文组织文化遗产安东河回村、韩国佛教名山寺庙凤停寺、韩国私立书院陶山书院和屏山书院等。世界遗产安东河回村拥有多种多样的文献和非物质文化遗产。安东河回村之所以被收录为世界文化遗产,是由于非物质文化与文献遗产的完美融合。安东河回村捐赠的"儒教雕版印刷木刻板"成功入选联合国教科文组织世界记忆。同时，悬挂在安东河回村村屋内的框饰画也入选联合国教科文组织亚太地区文献遗产。此外，安东河回村面具舞也正在申报联合国教科文组织世界非物质文化遗产。在韩国"儒教雕版印刷木刻板"入选《世界记忆名录》的同时，其雕刻及传统印刷和制书过程也被收录为联合国教科文组织世界非物质文化遗产。因此，韩国国学振兴院目前正在与拥有中国传统雕版印刷遗产的扬州中国雕版印刷博物馆积极开展学术研究和交流合作。

在开展充分研究和交流的同时，世界记忆项目韩国学术中心还在不断挖掘各类项目的潜力，以期与韩国文化遗产和非物质文化遗产项目相衔接并产生协同作用。为此，必须通过文献遗产提高文化遗产和非物质文化遗产的价值，同时采取具体措施从文化遗产和非物质文化遗产中挖掘文献价值，再将文献遗产与教育和学生夏令营等活动相结合。由此，世界记忆项目韩国学术中心一直在确保韩国记忆项目的独特性，同时通过开展有关项目，与世界共享文献遗产的价值。

五、结论

综上，联合国教科文组织世界记忆项目目前正处于重要的过渡期。在项目的实施过程中，一些国家就部分文献遗产产生了分歧，有悖于世界记忆项目的初衷。在此过程中，世界记忆项目学术中心聚焦文献遗产收录完成之后的工作，以进一步加强自身的作用。通过分享文献遗产的价值、促进文献遗产的普遍利用，世界记忆项目学术中心以人类所拥有文献的价值为纽带，实现国际团结。世界记忆项目的重点旨在通过文献遗产保护工作，促进人类共同繁荣。但是，因其核心内容为文献遗产的收录，确实产生了一些分歧。从这一角度来看，世界记忆项目学术中心则更注重文献遗产价值的分享和共同利用，这可能成为实现联合国教科文组织世界记忆项目目标的具体办法。就这一点而言，世界记忆项目韩国学术中心在文献遗产的共同利用而非收录中所扮演的作用将变得十分重要。

在此基础上，世界记忆项目韩国学术中心努力在与公众分享并传承韩国的高质量文献文化方面发挥重要作用。民间文献遗产记录和保存了社会的各种文化。虽然深挖文献遗产的价值既非国家政策，也非法律要求，但是记录、保存和分享其价值具有十分重要的意义。值得注意的是，促进韩国记忆项目的普遍利用和分享韩国记忆项目的价值与联合国教科文组织及世界记忆项目的目标一致。在这一方面，世界记忆项目韩国学术中心才刚刚起步，但是其对于韩国国学振兴院具有重要意义，也有望对处于过渡期的联合国教科文组织世界记忆项目做出重要贡献。

作者简介

李相虎，男，世界记忆项目韩国学术中心负责人。

世界记忆的宣传推广

世界记忆项目：
在教育和研究方面的进一步发展[①]

洛塔尔·乔丹

尊敬的王绍忠副局长、王飏副市长、张斌院长、瑞·埃德蒙森（Ray Edmondson）先生、各学术中心的负责人，以及亲爱的同事们：

这是我与苏州的第三次邂逅。我想在此感谢中国国家档案局（NAAC）和苏州中国丝绸档案馆的邀请。

2016年11月，首家世界记忆项目学术中心——世界记忆项目澳门学术中心于中国澳门城市大学成立。2016年11月22日至26日，由中国国家档案局主办、苏州市档案局承办的"世界记忆项目与档案事业发展"主题研讨会在苏州召开。在那次会议上，我深入了解了于2017年入选《世界记忆名录》的近现代中国苏州丝绸档案。该研讨会让我们进一步加深了对世界记忆项目和文献遗产的思考，促进了世界记忆项目学术中心网络的扩展。继2017年北京学术中心成立后，2018年又有三个世界记忆项目学术中心成立，即韩国安东学术中心、中国福州学术中心，以及于2018年11月10日成立的中国苏州学术中心。如今一年不到，来自所有五大学术中心的代表和其他机构的专家齐聚苏州，探讨进一步推动各机构之间的

[①] 本文改编自作者于2019年8月7日在"发展中的世界记忆"国际学术研讨会上的致辞。

合作和整个世界记忆项目发展的可能性。本次研讨会如同新旧丝绸之路，是东西方文化、古今思想、文献遗产和数字化技术的一次大融合。

在我们开始今天的会议、拉开本次研讨会的序幕之前，我想从教育和研究的角度为大家介绍世界记忆项目的发展，这也是我的主要兴趣和责任所在。

世界记忆项目的政治背景有其向好的一面，也有略显消极的一面。联合国教科文组织的《关于保存和获取包括数字遗产在内的文献遗产的建议书（2015年）》加强了世界记忆项目以及档案馆、图书馆和其他记忆机构的工作。但既然参与编制该建议书的顶尖专家瑞·埃德蒙森也在场，我就不在此班门弄斧了。至于其消极的一面，则是关于申报及入选项目的讨论，这在联合国教科文组织内引起了广泛的讨论[①]。

世界记忆项目的教育和研究工作的前景越发明朗，正在朝着更好的方向发展。我坚信未来各方专家将继续在国家和国际层面上通力合作。这一点不仅在本次研讨会的与会代表身上得到了有力证明，也体现在主办方关于促进世界记忆项目国际合作的目标上——这也是我们共同的愿望。

下面我将有选择性地对如何扩展我们的活动，以及加强对世界记忆项目和文献遗产的了解进行简单的说明。

首先，我们应该开发课程，召开研讨会，并通过组织各种会议

[①] 文中所述背景为韩国历史学家徐道庆（Kyung-ho Suh）发表了一篇题为《世界记忆中的历史战争：南京大屠杀及慰安妇文献》的文章，载于瑞·埃德蒙森、洛塔尔·乔丹、A. C. 普罗丹（A. C. Prodan）编辑的《联合国教科文组织世界记忆项目：关键方面与近期发展》（斯普林格出版社：瑞士卡姆，2019年）第91–107页。

来将世界记忆项目纳入从小学到大学的多形式的教育和研究工作中，包括对专业人员的继续教育。

我们也可以选择一个传统而长效的方法，即出版与世界记忆项目相关的书籍和文章。我想就此提一下我们即将出版的第一本学术选集《联合国教科文组织世界记忆项目：关键方面与近期发展》。该书主要出自世界记忆项目教育与研究分委会（SCEaR）的成员或合作会员之手，旨在介绍世界记忆项目，探究联合国教科文组织的不同遗产项目之间的协同作用，并为进一步的研究提供一些启发。虽然我们希望并相信这本书标志着世界记忆项目的发展，但与此同时我们应该意识到它仅仅是一本书。无论是在国家还是国际层面上，我们需要的远不止于此。本次会议的与会者应该思考他们如何才能创作更多关于世界记忆项目的作品，包括档案学、图书馆学、历史学等学科的博士论文与硕士论文，以便进行一场真正的国家和国际层面上的学术讨论。我们甚至还不能确定这本书是否囊括了所有这样的作品。

世界记忆项目在教育和研究方面的发展也离不开学校和师生的共同努力。教育与研究分委会的院校工作组编制了《教师指南：世界记忆项目学校工具包》一书，由联合国教科文组织以电子书的方式出版。该书从文学与语言、历史、艺术三个学科入手，介绍了世界记忆项目教学及其国际申报。该书计划根据读者、教师、教育工作者和在校学生的反映，通过从各地学校（包括江苏省苏州第十中学校）引入更多最佳实践案例，不断地进行改进再版。

联合国教科文组织将利用互联网推广《教师指南：世界记忆项目学校工具包》一书。这是另一项伟大的课题，即利用互联网推广世界记忆项目和文献遗产。就在四周前，在由世界记忆项目北京学术中心和其他机构联合主办的"敦煌（DH2019）文化遗产数字化国际研讨会暨中国社会科学情报学会数字人文专委会学术年会"上，我再次切身感受到了以中国为代表的许多国家对通过改善现代通信和信息技术来保护世界记忆遗产的热切期望，以及在研究方面付诸的不懈努力。但互联网是一个向全世界开放的系统，面向世界各地的人民，因此要在不同的背景环境和特定意义体系下了解人们需要哪些信息和解释来理解地方的和国家的文献并非易事，常常不同于使用者所固有的传统认知。

因此，实现文献数字化并利用互联网进行协调不仅仅需要技术上的努力，与此同时我们应向全世界的受众提供各种信息和相关注释。如今，互联网这一媒介的运用离不开国家和国际层面上的跨学科研究与合作。

在世界记忆项目和互联网应用的框架下，我们需要与更多记忆机构（档案馆、图书馆和博物馆）以及学术界开展合作。为了充分利用如今在世界各地均可见的文献的潜力，我们需要对"访问"有全新的、更深入的理解。一般而言，此类数字化和网络项目的用户并不关心档案馆、图书馆、博物馆、大学院系或研究机构是否负责这些项目，他们只是期望有一定的技术标准和高质量的内容。在许多情况下，仅仅将文献上传至网络是远远不够的。包括学生在内的专业用户都希望获取最新的学术信息。包括注释在内的整套架构将大大提高从单个文献到完整的作品或文集等数字出版物的质量。网络可以与更多相关来源和信息建立联系，开发文献的跨学科潜力，并体现知识的恒久增长，这将吸引越来越多的研究人员和用户。由于不同地区、不同文化、不同宗教乃至不同学科用户的需求不同，这种架构可能展现出完全不同的面貌。《世界记忆名录》中的各种重要文献可以吸引世界各地的用户，因此将产生上文提及的需求。

记忆机构负责保护这些文献，并希望可以尽可能地让潜在用户和实际用户能够访问它们。而对科学、学术或教育感兴趣的用户则希望尽可能地获得访问权限。以上各方的利益可以在新技术的保护下联系起来。

世界记忆项目强调了文献的重要性，并聚焦重要文献。它与记忆机构和研究人员及教育工作者有着共同的利益出发点，对于这些工作者而言，文献是不可或缺的，或者至少对他们的工作发挥着重要作用。作为这一领域的先驱，世界记忆项目将成为所有文献遗产从业者的合作伙伴，而后者也将一直扮演着先驱的角色，从现在到将来。

另一个具有挑战性的问题是文献与历史、证据和解读之间的关系。世界记忆项目的主张是：联合国教科文组织和世界记忆项目不能对历史做出评判，但是如果没有对内容的理解性描述，则无法评选世界记忆项目。因此，人们常说：几乎所有重要文献都包含叙述，不包含叙述的文献或文献集没有任何意义。叙述的一部分在文献中，其他部分则被融合在文献所述事件或行动的文化、政治、科学等背景中。因此，对于较大规模的数字化项目，如在评选世界记忆遗产项目的背景下，我们需要推动档案管理员和图书管理员与不同领域的历史学家进行合作。

以上只是一些我认为的关键问题。我相信本次研讨会的与会嘉宾将会对更多问题进行更广泛的讨论。

我很高兴能够参加此次研讨会，并参与到这场旨在更好地理解和协调文献遗产的"运动"中来，我们所有人都是这次"运动"的构思者。

作者简介

洛塔尔·乔丹,男,联合国教科文组织世界记忆项目国际咨询委员会教育与研究分委员会主席。

从"知网"数据看世界记忆项目在中国的发展与传播

张轶哲

一、中国与世界记忆项目

世界记忆项目（Memory of the World Programme，旧译"世界记忆工程"）是联合国教科文组织于1992年发起的文献遗产保护项目，目的是采用最适当的技术加强对文献遗产的保护，促进对文献遗产的利用，提高全世界对文献遗产及其重要性的认识。"世界记忆"即指文献上记载的世界各民族人民的共同记忆。它们记载着人类社会思想、发现和成就的演变，是世界文化遗产的重要组成部分。

世界记忆项目现有国际、地区、国家三级架构，相对应地建立了三级"世界记忆名录"，收录那些真实的且具有国际、地区或国家意义的珍贵文献遗产，促进对它们的保护和利用，加深公众对它们的认识与了解。

我国是世界上较早参与世界记忆项目的国家之一，也是最早建立世界记忆项目国家委员会的国家。1995年，世界记忆项目中国国家委员会成立，中国联合国教科文组织全国委员会为牵头单位，国家档案局是主要实施单位,另有国家图书馆、中国科学技术信息研究所和文化部档案处几家单位参与。[1]

我国还是世界记忆项目亚太地区委员会的主要发起国之一。1997年,联合国教科文组织亚太地区分部和中国国家档案局在厦门联合召开专家会议,建议成立世界记忆项目亚太地区委员会;1998年,世界记忆项目亚太地区委员会在北京成立。[1]至此,我国所属的世界记忆项目国际、地区、国家三级组织均告成立。

截至2019年上半年,我国已有13件(组)文献遗产入选世界记忆国际名录,12件(组)入选亚太地区名录,142件(组)入选中国国家名录。为推动世界记忆项目在我国乃至整个亚太地区的开展,国家档案局还多次举办工作坊、培训班、研讨会,并先后在中国人民大学、福建省档案馆、苏州市档案馆建立世界记忆项目学术中心,为全国乃至亚太地区的文献遗产保护与利用工作提供了交流、培训的平台。

二、数据和方法

(一) 数据来源说明

中国知网是当前国内收录中文期刊最多、最广和最为全面的数据库。虽然由于历史和现实原因,中国知网数据库无法完全收录全国所有的期刊,但足以为研究世界记忆项目在中国的发展历史趋势和阶段特点提供数据支持。

在中国知网期刊数据库中以"世界记忆"为关键词进行"主题"搜索,选取中国"世界记忆元年"1995年至2018年数据共计

324条，忽略无关文献32条，本文选用剩余292条有效数据作为研究对象进行分析。这些数据覆盖新闻简讯、纪实通讯、评论文章、工作报告、学术论文等多种类型，可以在一定程度上反映世界记忆项目的开展状况和公众的关注程度。

（二）数据分析方法

本文采取数量分析、内容分类、案例分析等方法对292条数据进行分析，从不同角度探讨世界记忆项目的发展进程、特点和趋势。

在分类方法上，本文根据文章的体裁、内容和撰写目的，将其分为以下9类：

（1）以推广项目为目的的项目介绍性文章，可体现项目的主动推广情况。

（2）报道项目最新进展的新闻通讯类文章，可反映项目的媒体关注度。

（3）其他主题的、仅在文中提及本项目的文章，可反映项目的社会知名度。

（4）以项目本身为研究对象的学术论文，可反映项目的学术关注度。

（5）向公众宣传、介绍入选名录的文献的文章，可反映项目在提升文献遗产关注度方面的效果。

（6）对入选文献进行深入研究的学术论文，可反映项目在促进已入选文献遗产保护与利用方面的效果。

（7）提出以申报世界记忆名录为期望的文献研究论文，可反映项目在促进文献遗产保护与利用方面的效果。

（8）在项目背景下探讨文献遗产征集、保管、保护、利用工作的文章，可反映项目对文献遗产事业发展的促进作用。

（9）以入选世界记忆名录文献作为宣传亮点的文章，可体现项目在文化产品开发、文化旅游宣传、经济社会发展等方面产生的衍生效益。

三、分析和研究

（一）世界记忆项目在中国的发展历程

从知网数据来看，1995 年可谓是中国的"世界记忆元年"。1995 年 8 月，简讯《藏文化奇珍"西藏档案"申报列入"世界记忆"工程》刊登在《西藏艺术研究》上，第一次把"世界记忆"这一概念呈现在国人面前。自此至 2018 年，除 2000 年以外，每年都有与"世界记忆"相关的期刊文献被知网收录（图1）。

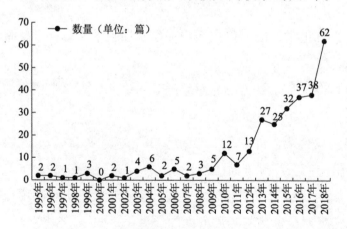

图 1　1995—2018 年知网"世界记忆"主题文献数量统计

1. 起步阶段（1995年至2002年）

1995年至2002年，期刊上与世界记忆项目相关的文章寥寥无几，每年文章数都在3篇以下，总数仅为12篇，年均1.5篇。在这12篇文章中，6篇是项目的介绍性文章，2篇是与项目相关的新闻简讯，另有4篇仅在文中提及了本项目（图2）。

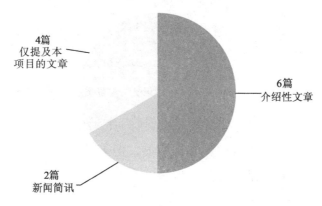

图2　1995—2002年知网"世界记忆"主题各类型文章数量

可以说，这是世界记忆项目走进中国的最初阶段——国人开始接触"世界记忆"这个概念，得知并逐渐了解世界记忆项目。从文章来源看，除前文提及的第一篇简讯来自《西藏艺术研究》外，其他文章全部来自档案或情报专业期刊。也就是说，世界记忆项目的影响仅限于业内。

2. 发展阶段（2003年至2009年）

2003年至2009年，文章数量波动增长，检索结果共计27篇，年均近4篇。其中，介绍性文章4篇，新闻通讯类文章4篇，仅提及本项目的文章1篇，宣介入选文献的文章1篇，深入研究入选文献的论文2篇，体现本项目推动文献遗产事业发展的文章4篇，提到拟申报名录的文章3篇，另有体现项目衍生效益的文章8篇（图3）。

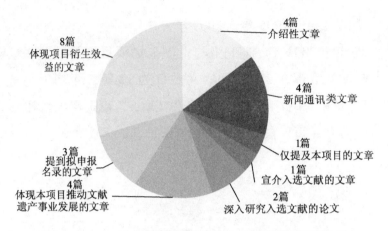

图3 2003—2009年知网"世界记忆"主题各类型文章数量

这一阶段世界记忆项目发展呈现以下特点：

（1）尽管文章数量增长并不明显，但来源更为广泛，不再局限于档案文献专业期刊。这说明世界记忆项目开始走出文献遗产界，为公众所知。

（2）世界记忆项目的宗旨开始得以实现。这一时期开始出现在世界记忆项目背景下推进文献遗产保护工作的论文，也开始出现宣介或深入研究名录入选文献的文章，还有一些文献遗产研究论文提出申报《世界记忆名录》的建议，这充分体现了本项目的三大目标：加强对文献遗产的保护，促进对文献遗产的利用，提高全世界对文献遗产及其重要性的认识。

（3）世界记忆项目对经济社会的影响开始有所体现。2003年，云南丽江的《纳西东巴古籍》入选《世界记忆名录》。从检索结果可以看出，云南丽江充分利用这一评选结果将其用于地方旅游业宣传和旅游产品开发，体现了世界记忆项目的衍生效益。

3. 增长阶段（2010年至2012年）

2010年至2012年，文章数量较快增长，3年总计32篇，年均近 11 篇。其中，介绍性文章 1 篇，新闻通讯类文章 5 篇，仅提及本项目的文章 2 篇，宣介入选文献的文章 4 篇，深入研究入选文献的论文 2 篇，体现本项目推动文献遗产事业发展的文章 3 篇，提到拟申报名录的文章 6 篇，体现项目衍生效益的文章 5 篇，另有对项目本身进行研究的论文 4 篇（图 4）。

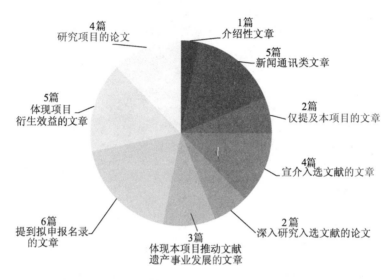

图 4　2010—2012 年知网"世界记忆"主题各类型文章数量

这一阶段世界记忆项目的发展呈现出以下特点：

（1）文章数量增加较快，项目的社会知名度有所提高。

（2）业界对世界记忆项目本身的关注逐渐深入，开始出现关注项目自身发展的研究性论文。

4. 爆发阶段（2013 年至 2018 年）

2013 年至 2018 年，文章数量迅速增长，总计 221 篇，年均近 37 篇，尤其在 2018 年甚至达到 62 篇之多。其中，新闻通讯类文章 70 篇，仅提及本项目的文章 26 篇，宣介入选文献的文章 21 篇，深入研究入选文献的论文 40 篇，体现本项目推动文献遗产事业发展的文章 27 篇，提到拟申报名录的文章 11 篇，体现项目衍生效益的文章 13 篇，对项目本身进行研究的论文 13 篇（图 5）。

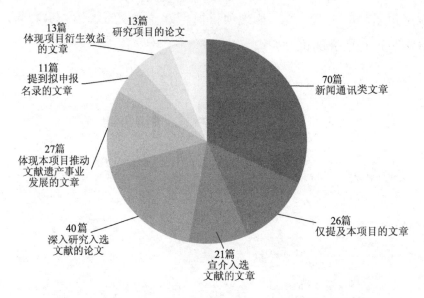

图 5　2013—2018 年知网"世界记忆"主题各类型文章数量

至此，世界记忆项目进入快速发展的新阶段，文章数量特别是新闻通讯类文章迅速增长，项目的社会关注度和学术关注度显著提高。更特别的是，文章数量一改 2012 年以前的波动上涨曲线，除 2014 年与 2013 年相比基本持平外，2014 年至 2018 年连年再攀新高。

（二）世界记忆项目在中国的发展动因

纵观世界记忆项目在中国的发展历程，结合文章检索结果进行分析，可观察到世界记忆项目在中国的几个发展动因：

1. 文献入选《世界记忆名录》是项目发展和传播的关键点

世界记忆项目发展四阶段的首年分别是 1995 年、2003 年、2010 年和 2013 年。在这 4 个年份里，文章检索结果在数量上都较前一阶段有了一定幅度的提升，且项目发展开始呈现新的特点。除 1995 年系中国的"世界记忆元年"之外，其他 3 个年份均有文献遗产入选或申报《世界记忆名录》，引发了公众的关注。自 2013 年项目进入快速发展轨道以来，文章数量连年攀升。对文章标题和内容进行分析，可发现 2013 年侨批档案入选《世界记忆名录》和 2015 年南京大屠杀档案入选、2017 年近现代中国苏州丝绸档案入选都是引发数量攀升的重要因素。

2. 入选文献保管部门及其上级单位的重视是项目发展和传播的助推器

并非每一次名录入选都能促使世界记忆项目走上一个新台阶。入选文献保管部门及其上级单位对此项工作的重视程度和推广力度是十分重要的。2003 年，云南丽江《纳西东巴古籍》入选《世界记忆名录》；2004 年起，检索结果中出现了一大批以此为亮点宣传当地旅游资源和民族文化的文章，这种情况一直延续到 2018 年。当地政府重视项目，以文献入选名录为荣并大力宣传，这同时也增加了公众对入选文献和对项目本身的了解与关注。

另外两个典型的例子是 2013 年侨批档案入选和 2017 年近现代中国苏州丝绸档案入选。这两组文献入选后，检索结果中均大量出现相关新闻报道、纪实通讯、文献研究与宣介文章，这与文献保管机构的大力推动和倡导是分不开的。

3. 国家档案局的大力推动是项目发展和传播的根本动力

还是从第一篇文章《藏文化奇珍"西藏档案"申报列入"世

界记忆"工程》说起。这则短消息的主要内容是国家档案局提出将西藏档案申报《世界记忆名录》,并将在西藏举办西藏档案研讨会。国家档案局,让公众得知"世界记忆"。

"世界记忆"进入中国的前10年,世界记忆项目的介绍性文章共10篇。根据"知网"数据统计,引用量最高的是当时国家档案局外事办世界记忆项目负责人王红敏2003年发表在《中国档案》上的《世界记忆工程概述》。国家档案局,让公众真正了解"世界记忆"。

回看1995—2018年知网"世界记忆"主题文献的数量统计,自2014年至2018年,检索文章数量连年攀升,这与国家档案局局长李明华担任世界记忆项目亚太地区委员会主席的任期恰好重合。在李明华局长担任主席期间,国家档案局大力推动项目发展,多次举办世界记忆项目相关工作坊、研讨会和培训班;2017年至2018年,国家档案局与联合国教科文组织合作,先后在北京、福建、苏州等地设立世界记忆学术中心。这些举措不仅提高了社会对项目的关注度,还增加了学术界对文献遗产和世界记忆项目本身的研究热情。

4. 与时代发展和中心工作深度融合是项目发展和传播的源泉

2013年12月30日,习近平总书记在主持中共中央政治局集体学习时强调:"提高国家文化软实力,要努力提高国际话语权。要加强国际传播能力建设,精心构建对外话语体系,发挥好新兴媒体作用,增强对外话语的创造力、感召力、公信力,讲好中国故事,传播好中国声音,阐释好中国特色。"近年来,我国世界记忆项目紧紧围绕习近平总书记关于中国传统文化和文化自信的重要论述,以及对日外交大局、"一带一路"倡议等中心工作,充分讲述中国档案文献故事，传播中国档案文献声音。《南京大屠杀档案》申遗成功得到了包括中央各大媒体在内的100多家电视台、700多家报纸、近1 300家网站的连续报道，总报道量达1万多条，在国内外引起强烈反响。包括近现代中国苏州丝绸档案、侨批档案等在内的入选《世界记忆名录》的文献在巴黎联合国教科文组织总部和"一带一路"国际高峰合作论坛主会场展览，使得世界记忆项目得到了社会各界的广泛关注，促进了更多人对世界记忆项目的研究，也推动了世界记忆项目在中国的快速发展。

四、问题和建议

尽管世界记忆项目25年来在中国的发展取得了长足进步，但从检索数据结果看，仍能发现一些潜在的问题：

（1）对文献遗产的宣介和研究利用"冷热不均"，大量文章集中在"东巴""侨批""屠杀""丝绸"几个关键词上，对其他入选文献遗产的关注度不高，研究不"热"。

（2）期刊中关于世界记忆项目的权威消息较少，笔者在阅读文章过程中发现其中信息谬误较多，甚至通过文献引用以讹传讹。

（3）从一些文献遗产研究类文章中提出的《世界记忆名录》申报期望可以看出，公众对《世界记忆名录》的申报程序和评选标准并不明了。

（4）世界记忆项目有关文章虽然逐年增加，但总体仍然偏少，特别是介绍性和新闻类的文章较多，研究型和专业性文章较少。

基于以上问题，笔者提出以下建议：

（1）建立世界记忆各级名录文献入选后回访制度，定期对文献遗产的保护、利用、研究和宣传状况进行评价，督促文献保管机构做好文献入选后的相关工作。

（2）尽快建立世界记忆项目官方网站和资源数据库，提供有关项目介绍、名录申报、入选文献查询等方面的权威信息。

（3）充分发挥世界记忆项目学术中心、档案学会、高校等研究机构的作用，通过学术研讨、学术征文等方式引导学者和档案人员加强世界记忆有关科研及学术研究。

（4）通过举办展览、主题讲座、"世界记忆进校园"活动以及拍摄纪录片等方式，开展多种形式的宣传、展示、体验活动，让更多人了解世界记忆项目和档案文献遗产，进一步扩大世界记忆的影响力和关注度。

参考文献

[1] 王红敏.世界记忆工程概述[J].中国档案,2003(10)：11.

作者简介

张轶哲，女，国家档案局外事办公室副调研员，长期从事档案外事和世界记忆项目相关工作。

世界记忆遗产开发利用与宣传推广
——以侨批档案为例

马俊凡　郑宗伟

一、引言

　　世界记忆是人类的共同记忆，对保护各民族的文化特性、塑造本民族的未来有着重要作用。1992年，联合国教科文组织启动了世界记忆项目。该项目是世界遗产项目的延续，它关注文献遗产，旨在通过建立《世界记忆名录》、授予标识等方式，宣传保护文献遗产的重要性，鼓励对文献遗产开展有效保护和抢救，促进文献遗产的广泛利用。世界记忆项目实施27年来，形成了世界级、地区级、国家级的世界记忆遗产名录体系。目前，全世界共有429项档案文献入选《世界记忆名录》[①]，中国有13项档案文献入选《世界记忆名录》，12项档案文献入选《世界记忆亚太地区名录》，142项档案文献入选《中国档案文献遗产名录》。本文通过分析世界记忆遗产——侨批档案的开发利用与宣传推广实践，阐述世界记忆遗产开发利用与宣传推广的意义，并提出加强世界记忆项目开发利用与宣

---

① https：//en.unesco.org/sites/default/files/statistics_of_mow.pdf.

传推广的几点思考。

二、世界记忆遗产开发利用与宣传推广的意义

(一) 有利于提高社会公众对世界记忆遗产的保护意识以及对世界记忆项目重要性的认识

作为历史的真实记录,文献遗产是过去某一重要事件、重大变革、重大发现、重大成果、重要发展阶段和重要人物的历史见证,具有内涵丰富的历史价值、科学研究价值、社会价值、艺术价值等,它能够给人类提供重要的、有价值的知识和信息,体现了人类历史与文化的多元性。从文献遗产的保存来看,其一般保存在档案馆、图书馆、博物馆等收藏机构或个人手中,而入选《世界记忆名录》的世界记忆遗产,其文献唯一性的特征使一般社会公众对其知之甚少。文献遗产恰似"养在深闺人未识",社会对世界记忆项目的认识也甚是缺乏。

自世界记忆项目在中国实施以来,在国家档案局的大力推动下,各地加大了对文献遗产的开发和宣传力度,文献遗产的概念逐渐"飞入寻常百姓家"。随着中国档案文献遗产名录(世界记忆中国名录)的建立,不少地方积极开展珍贵档案文献的挖掘和评选,越来越多的文献遗产为人们所认识,吸引了更多的社会公众对文献遗产的关注。例如,侨批档案申遗成功后,福建省档案馆第一时间通过省政府新闻发布会宣传侨批档案入选《世界记忆名录》这一重大事件,向社会介绍世界记忆项目;同时开发侨批档案文化产品,在海内外持续宣传侨批档案的历史文化价值及其世界意义,为社会

公众了解世界记忆遗产、认识世界记忆项目提供了有效途径。与此同时，侨批档案也引起了社会各界的关注，华侨与侨眷自豪地说："侨批是我家的世界遗产。"海外华侨华人、侨乡民众等社会各界人士也自觉加入侨批档案保护和宣传队伍中来，形成了档案部门和社会各界共同参与、相互促进的大好格局，大大提升了世界记忆项目的社会影响力和全社会对世界记忆遗产的保护意识。

（二）有利于促进世界记忆遗产的共享利用

"世界记忆"是人类共同享有的宝贵财富。世界记忆项目的任务是增强人们对世界文献遗产及其保护的认识，并促进对它们的公平和永久利用。开展世界记忆遗产的开发利用与宣传推广，可以促进档案文献收藏单位加强对文献遗产的保护和整理，通过数字化手段完善文献遗产的抢救保护，开展文献信息采集和整合，并通过展览、出版书籍、媒体宣传等方式实现文献遗产信息的共享利用，为社会公众提供便捷的文献及信息服务。福建省档案馆以侨批档案入选《世界记忆名录》为契机，加大对散存于民间的珍贵侨批档案的征集力度，同时开展全省各收藏单位和个人侨批档案普查与资源整合工作，编纂出版了《百年跨国两地书——福建侨批档案图志》《中国侨批与世界记忆遗产》《福建侨批档案目录》，以及《福建侨批档案文献汇编》的第一辑（25册）。这些工作得到了海内外侨批研究专家学者的充分肯定，现在到档案馆查询、利用和研究侨批档案的人越来越多。目前，福建省档案馆已将馆藏侨批档案全部数字化，并规定全省侨批档案数字化及目录采集标准与格式，为侨批档案数据库建设及共享奠定了良好的基础。

（三）有利于促进文化开发和交流

作为国家和民族的集体记忆，世界记忆遗产是世界文化遗产的重要组成部分，无疑是开发文化产品最重要的资源，也是文化交流最有效的载体。自侨批档案入选《世界记忆名录》以来，福建省档案馆立足于侨批档案的遗产价值，开发侨批档案文化，举办福建侨批档案展，制作福建侨批宣传片、文创产品，搭建侨批文化和世界记忆项目宣传推广平台。福建省档案馆被中国侨联授予"中国华侨国际文化交流基地"称号。福建侨批档案展被中国国家档案局列入中国与印尼档案文化交流项目，参加了中国国家档案局和印尼国家档案馆在雅加达、北京举办的"中印尼社会文化关系"合作交流项目，并作为"中国·福建周"经贸文化交流项目在美国、日本、新西兰、泰国、菲律宾、马来西亚、印尼、柬埔寨等国展出，取得积极成效，成为全世界了解中国、福建和文献遗产的窗口。通过展示侨批文化，讲述侨批故事，福建省档案馆进一步密切了国与国之间的人文交流，促进了民心的互联互通。

三、加强世界记忆遗产开发利用与宣传推广的几点思考

经过20多年的努力，世界记忆项目在全球范围内逐渐落地生根、开花结果，取得了有目共睹的成就，但总体而言，其开发利用与宣传推广仍存在着不少难点和问题，比如，研究开发水平有待提升，宣传推广力度有待强化，社会保护意识有待增强，等等。为进一步加强世界记忆遗产开发利用与宣传推广工作，结合侨批档案工

作实践经验，笔者提出如下几点思考。

（一）注重建章立制，建立多方协作的工作机制，提升社会公众对世界记忆项目的认知度和保护意识

当前，文献遗产面临的危险仍有许多，如火灾、水灾、意外事故、战争、人为破坏等。为此，建议在法规层面强化对文献遗产保护、开发、利用的管理。有条件的地方可先期进行一些探索，根据《世界记忆保护文献遗产总方针》的要求，参考《中华人民共和国非物质文化遗产法》，加强立法研究，制定统一的文献遗产法律法规，形成比较完善的文献遗产保护法律体系，切实发挥法制在世界记忆遗产开发利用与宣传推广方面的保障作用。比如，福建已将《福建省侨批档案保护管理与开发利用办法》（以下简称《办法》）列为2019年省政府规章立法调研项目，《办法》的颁布实施可为侨批档案文献的保护利用和研究开发提供良好的制度保障。

由于文献遗产的唯一性以及保存数量、保存方式等的特殊性，世界记忆项目在宣传推广方式、受众广泛性等方面受到一定制约，社会公众对世界记忆项目和文献遗产了解不多。为了让更多人了解世界记忆项目，档案部门需要整合各地的文献遗产资源，寻求外界力量的支持帮助，以推动世界记忆遗产的开发利用与宣传推广，达到更好的社会效果。从侨批档案的工作实践来看，福建省档案馆建立了"政府主导、档案部门为主体、社会参与、多方协作"的工作机制，实行跨地区、跨行业、跨部门的分工协作，使得侨批档案的抢救征集、研究开发、宣传推广等方面工作得到了更多政府部门、更多社会团体、更多人的了解、关心和支持，有效推动了社会公众对侨批档案和世界记忆项目的认知，从而进一步提高了社会公众的

文献遗产保护意识。

(二) 注重系统研究开发，坚持保护开发和宣传利用并举，增强文献遗产服务社会的能力和水平

世界记忆遗产的开发利用与宣传推广是一项系统工程，必须坚持保护开发和宣传利用并举原则，以资源建设为基础、挖掘整理为手段、宣传推介为载体、开发利用为目的，将深藏于库房中"死档案"转化为"活信息"，增强文献遗产服务社会的整体能力和水平。侨批档案入选《世界记忆名录》后，福建省档案馆实行保护开发与宣传利用并举措施，建立了多门类、多维度的侨批档案资源体系，馆藏侨批档案数量从申遗前的1万多件增加到现在的近5万件，为侨批档案的开发利用奠定了坚实基础。同时，福建省档案馆立足福建侨批文化研究中心，为侨批档案研究开发搭建共享平台，通过"请进来，走出去"的研究交流方式，加强与高校、研究机构及专家学者的合作，持续开展研究和开发。侨批档案申遗成功后，其研究成果显著，社会各界对侨批档案的关注度持续升温，福建省人大、政协会议平均每年都有1件至2件以侨批档案为主题的提案。

如今，站在更高的起点上，世界记忆遗产的开发利用与宣传推广还有很多工作要做。需要更加注重人才队伍建设，汇聚各方研究力量，加大投入，整合文献遗产资源，加强对世界记忆项目的基础理论研究，开发更多世界记忆遗产研究的原创性成果；同时，还可以采用多种形式提炼世界记忆遗产文化元素，形成一系列的文创产品，让更多人投身到世界记忆遗产保护开发的队伍中来。

(三)以世界记忆项目学术中心为平台,构建全方位、多层次、立体式的传播推广体系

为促进世界记忆项目跨国家(地区)、社群的交流推广,推动不同文明之间的相互交流和理解,自 2016 年起,世界记忆项目教育和研究分委员会分别在中国澳门城市大学、中国人民大学、韩国国学振兴院、中国福建省档案馆、中国苏州市档案局成立了 5 家世界记忆项目学术中心(以下简称"学术中心")。学术中心的重要职能之一,就是推动世界记忆项目的开展,推广其成果。因此,从某种意义上来说,学术中心的成立无疑为世界记忆项目的宣传推广搭建了新平台、注入了新动力、开辟了新道路,进一步促进了世界记忆遗产的开发利用与宣传推广,有效解决了社会公众对文献遗产的关注度和保护意识相对不足的问题。

为此,我们要积极探索学术中心发挥资源优势和特点的路径,建立学术中心交流合作机制,使其真正成为世界记忆项目和文献遗产的研究开发基地、宣传推广中心和共享利用平台。同时,我们应通过构建包括传统媒体、新兴媒体等在内的全方位、多层次、立体式的文献遗产传播推广体系,不断加强档案行业自身的传播力、引导力、影响力,吸引更多人加入文献遗产宣传推广队伍中来,满足社会公众对文献遗产的多元需求,从而提高社会公众的保护意识。

四、结语

世界记忆项目不仅是一项具体实施计划和行动,更是一种文化和理念的实践与传播。对世界记忆遗产的开发利用与宣传推广可以

有效唤醒世界各国对文献遗产的认知，提升社会公众的保护意识，推动不同文明交流互鉴。保护好、开发好、传承好、利用好世界记忆遗产这一人类珍贵的历史记忆和社会财富，是世界各国的共同责任。对此，作为从事世界记忆遗产开发利用与宣传推广工作的一分子，我们责无旁贷，需要付出更多的努力，才能让世界记忆项目更加深入人心，促进不同文化、不同国家和地区、不同社群的相互理解和交流。

作者简介

马俊凡，女，福建省档案馆副馆长，副研究馆员。全国档案领军人才（档案收集鉴定领域），中国档案学会"档案整理与鉴定学术委员会"副主任委员，主要从事档案事业宏观管理、侨批档案文化、档案资源建设、档案鉴定与开发利用等方面的研究。

郑宗伟，男，福建省档案馆编研开发处一级主任科员，世界记忆项目福建学术中心、福建侨批文化研究中心工作人员，主要从事档案编研开发等方面的研究。

云南档案文献遗产申报工作的思考

和丽琨　段俐娟

档案馆收藏的档案是人们在社会实践活动中直接形成的最原始的第一手资料，具有相当高的权威性。这种独特的秉性是任何其他文化资源、文化产品所不具备的。档案的独有特征决定了档案文化产品的独有特征：独特性、不可模仿性、难以替代性。

联合国教科文组织发起的世界记忆项目是世界遗产项目的延续，主要针对对象是手稿、图书馆和档案馆保存的任何介质的珍贵文件及口述历史的记录等。对文献遗产来说，被列入《世界记忆名录》将会大大提高各国政府、非政府组织、基金会和广大人民群众对其重大意义的认识，从而大大提高该文献遗产以及收藏这份档案的机构的知名度，并使该文献遗产得到实质上最适当的保护，以及最大限度的、不受歧视的平等利用和广泛传播。

一、云南历史文化资源富集

云南虽然地处祖国的西南边陲，但档案资源富集而多彩。首先，云南是一个"历史文化王国"。这里有着悠久的历史、灿烂的文化，也不乏历史遗迹、历史遗址、历史墓葬，更不缺历史名人、历史大事、历史贡献。早在170万年前，云南就出现了"元谋人"，是我国发现的最早的人类始祖。数千年间，云南还上演过庄蹻开滇、秦修五尺道、武侯定南中、爨氏政权勃兴、南诏国开疆拓土、忽必烈战大理、郑和七下西洋、沐英镇守云南、修建滇越铁路、发起护国运动、西南联大迁住昆明、抢修滇缅公路、开通驼峰航线、铺设中印油管、中国远征军转战滇缅边境、组织滇西大抗战、支持援越抗法等历史大戏，档案用不同载体、不同文字，真实、客观地记录了云南的这些历史，并使之成为历史长河中流光溢彩的明珠。

同时，云南还是一个多民族聚居的省份，云南世居的26个民族（其中15个是特有少数民族）在历史上都创造了光辉灿烂的民族文化，而档案真切地记录了少数民族地区悠久独特的历史文化原生态，大至社会治理、民族关系、时代更迭，小到民俗民风、生产生活、乡规民约，记述了各民族曾经的状态和智慧；这些年代久远、形式各异、内容丰富的档案真实反映了各民族以自己的方式在红土高原创造历史的全过程，是云南历史文献中的瑰宝。①

这些档案历经岁月和风云传承至今，在政治、经济、科技、文化、宗教、艺术、文字等方面都具有无法估测的极高价值，作为民族记忆的传承媒介，这些档案在承载、发展与弘扬优秀民族传统文化方面做出了重要历史贡献。如果缺失这些民族的历史述说，我们国家的档案将不完整，中华民族的雄壮史诗将音色不全。②

然而，这些宝贵档案的境况着实令人担忧，除了岁月侵蚀之外，少数民族档案特殊的材质、分布、传承习惯等加剧了留存保管

---

① 参考冯惠玲为《西部散存民族档案文献遗产集中保护问题研究》一书（华林著，中国社会科学出版社2017年版）所作的序。
② 参考冯惠玲为《西部散存民族档案文献遗产集中保护问题研究》一书（华林著，中国社会科学出版社2017年版）所作的序。

的艰难,家底不清、老化损毁的情况十分严重,一些公共保管机构条件简陋;散存在私人手中的档案文献更是命运多舛,有的放在破旧箱子或麻袋中,藏于山洞、禾仓、楼层甲板、屋檐、牛圈和灶房里,破碎、发霉、受潮、虫蛀和毁坏现象十分普遍;暴露在天然环境中的石刻碑文任凭风剥雨蚀,自然老化。少数民族地区因不识文化遗产价值而随意处置的现象更是比比皆是。这些状况令人担忧心疼、扼腕叹息,这些珍贵的历史文化遗产负载着无法再造的历史,穿过一去不复返的时光,它们的丢失损毁将在国家民族的历史上留下无法弥补的疮痕。① 因此,这些珍贵历史文献遗产的抢救与保护不仅意义重大而且刻不容缓。

二、云南文献遗产申报情况

截至 2016 年年底,云南全省 146 个各级国家综合档案馆保存的档案已达 10 961 179 卷。这些年代久远、形态各异、内容丰富的档案,从不同角度勾勒和记录了云南各族人民在红土高原繁衍生息的全过程,是云南人民最宝贵的记忆财富。为了把这笔宝贵的财富保护好、传扬开、传承下来,云南省档案局自 2000 年以来,积极响应国家档案局实施的"中国档案文献遗产工程",以扎实的举措对全省重点馆藏档案进行认真筛选,分 4 批进行申报。经过中国档案文献遗产工程国家咨询委员会评审会的严格评选,至 2015 年,云南共有 7 组档案入选《中国档案文献遗产名录》,数量居全国各省(自治区、直辖市)前列。这 7 组档案文献为:

---

① 参考冯惠玲为《西部散存民族档案文献遗产集中保护问题研究》一书(华林著,中国社会科学出版社 2017 年版)所作的序。

（1）云南护国首义档案，2002年3月入选首批《中国档案文献遗产名录》。

（2）抗战时期华侨机工支援抗战运输档案，2002年3月入选首批《中国档案文献遗产名录》。

（3）纳西族东巴古籍，2002年3月入选首批《中国档案文献遗产名录》，2003年8月入选《世界记忆名录》。

（4）彝族文献档案，2003年10月入选第二批《中国档案文献遗产名录》。

（5）昆明教案与云南七府矿权的丧失及其收回档案文献，2003年10月入选第二批《中国档案文献遗产名录》。

（6）清末云南为禁种大烟倡种桑棉推行实业档案文献，2010年2月入选第三批《中国档案文献遗产名录》。

（7）卡瓦山佤族酋长印谱，2015年4月入选第四批《中国档案文献遗产名录》。

这7组档案文献各有异彩，可谓云南档案百花园中的精华。其形态缤纷，如诞生于云南丽江玉龙雪山脚下的已成功入选《世界记忆名录》的"纳西族东巴古籍"，以满纸日月山川、鸟兽鱼虫的图画和象形文字写就，挟洪荒太古之美，被誉为"世界唯一活着的象形文字"；而主要由彝族本土宗教祭司毕摩世代承袭，以自己独特文字传抄而流传下来的"彝族文献档案"，折射的是这个古老而神秘民族悠远的文明之光；"卡佤山佤族酋长印谱"虽然仅为薄薄一页印谱，但它彰显的是世居祖国西南边陲的佤族酋长们心向祖国的浓厚的家国情怀。其内容厚重，如"昆明教案与云南七府矿权的丧失及其收回档案"，真实记录了弱国无外交的背景，以及云南各族人民与法英殖民者激烈抗争和捍卫祖国西南边疆的决心；"云南护国首义档案"浓缩了云南人民率先举起护国首义大旗、粉碎袁世凯复辟帝制美梦的历史风云;"抗战时期华侨机工支援抗战运输档案",铭刻下中华海外赤子为维护民族独立,在世界反法西斯战争中建立的不朽功勋;而"清末云南为禁种大烟倡种桑棉推行实业档案文献"则展现了云南在时代变迁之际除旧布新的种种努力。

2019年5月,南侨机工档案成功入选《世界记忆亚太地区名录》,填补了云南省在该名录中的空白,使云南省从世界级、亚太地区、国家级三个层面构建起完整的记忆项目工作体系,为争取更多文献进入世界遗产奠定了坚实的工作基础。

三、对云南文献遗产申报的思考

云南在国家档案局组织的前五个批次的文献遗产项目申报中每个批次都有入选的项目,并且世界级、亚太地区、国家级三个层次的项目皆备,达到了全覆盖,但是该项工作还有较大的提升和改进空间。总结云南档案文献遗产申报工作的得失,我们认为也有值得肯定的地方,这主要是因为云南在项目申报的时候紧紧抓住了以下几个特点。

(一)民族特色

云南文化灿烂,青铜文化(汉族)、爨文化(彝族)、南诏文化(白族)、东巴文化(纳西族)、贝叶文化(傣族)等交相辉映,灿若星河。云南的26个民族在这片红土地上繁衍生息,古老与年轻、传承与兼容、沉积与创新交织在一起,汇成了色彩斑斓的民族风情画卷。以原始形态流传的云南少数民族档案是云南民族文化瑰宝中极为珍贵的部分。这些档案以纸质、贝叶、竹片、碑铭等不同载体呈现，用汉、彝、傣、藏、纳西东巴等多民族文字撰写，蕴含各民族丰富的社会生活内容，记录了各民族以自己的方式在红土高原创造历史的过程，折射出了远古云南的文明之光，是研究历史、传承文明、繁荣文化的宝藏。

民族的就是世界的，我国各民族档案文献既是民族的、中国的，也是世界的。抢救和保护民族档案文献遗产不仅关乎各民族历史文化的传承，也是维护世界文化多样性的需要。因此，我们在档案文献遗产申报的时候就充分、优先考虑了云南的文化特色，把具有世界、地区、国家较大知名度和影响力的少数民族文献作为优先申报的项目。云南入选《中国档案文献遗产名录》的7组档案文献中就有纳西族东巴古籍、彝族文献档案、卡瓦山佤族酋长印谱这3组文献性与文物性皆备的具有世界影响力的少数民族档案文献。像这样兼具唯一性和稀缺性的特有少数民族文献，云南还有很多，如傣族的贝叶经等。这3组文献的入选为我们打开了思路，积累了经验，也为我们将来的申报工作奠定了基础。

(二) 地缘优势

云南位于中国、东南亚、南亚三大市场的接合部，与越南、老挝、缅甸三国山水相连，边境线长达4 060千米，占全国陆地边界的五分之一，自古以来就是中国通往东南亚、南亚最便捷的陆路通道。

受地理位置与地形的影响，云南对外交流历史悠久。由于与缅甸、老挝、越南等国接壤，又离印度、泰国、菲律宾、柬埔寨等国不远，加上地势的向南倾斜和河流的南流，云南具有与这些国家交通的相对便利条件。因此，云南与以上诸国之间政治、经济、文化上的交流既久远又频繁。

历史上云南与缅、印、越、老、泰等国的交往经历了漫长的岁月。远在公元前4世纪左右，以四川成都为起点，南下经五尺道或灵光道至云南大理，经保山、腾冲西去缅甸、印度，再转阿富汗、伊朗等地，最后到达西欧的"南方丝绸之路"就已形成。秦、汉时期，云南开发较早的滇池和洱海地区分别与越南、缅甸、印度有较多的贸易往来。唐、宋以后，又增加了由思茅地区到老挝、泰国、缅甸的通商要道。①

云南与以上国家在政治、经济、文化的交流中形成了一些真实记录重大历史事件、重要历史人物的珍贵档案文献，如滇越铁路档案、滇缅公路档案、中印公路档案、驼峰航线档案、中国远征军档案、南侨机工档案、昆明教案与云南七府矿权的丧失及其收回档案文献等，这些档案文献真实记录了东南亚、南亚乃至亚太地区某一特定历史时期的某一段历史或某一历史事件，是研究这一地区社会史、外交史、经济史、边疆史、民族史不可多得的、珍贵的第一手资料，有充分的申报理由。

(三) 典型性

云南省僻处西南边陲，交通、经济、文化都比较落后，档案文献无论从数量还是质量上来说都无法与我国中部各大省比肩，为了在珍贵文献遗产的抢救与保护、开发与利用方面得到社会更多的关注和支持，我们在积极争取申报世界记忆项目时只能另辟蹊径，选

---

① 李珪，梅丹．云南近代对外贸易史略［G］//中国人民政治协商会议云南省委员会文史资料研究会．云南文史资料选辑（第42辑）．昆明：云南人民出版社，1993．

取那些具有典型性的项目。所谓典型性，就是"人无我有、人有我优"。我们选取了本馆、本地区和本省具有唯一性、稀缺性、典型性的文献来申报，譬如2002年3月入选首批《中国档案文献遗产名录》的云南护国首义档案以及2010年2月入选第三批《中国档案文献遗产名录》的清末云南为禁种大烟倡种桑棉推行实业档案文献。这样的文献还有很多，加之云南省是和平解放的，仅云南省档案馆馆藏清末民初档案就有30多万卷。这些档案文献中具有系统性、完整性、稀缺性、唯一性的珍贵档案文献不在少数，为我们下一步的申报工作提供了丰富的资源。

（四）前瞻性

根据世界记忆项目的申报规则，文献遗产须先入选《中国档案文献遗产名录》，然后才能申报《世界记忆亚太地区名录》《世界记忆名录》。因此，云南在项目筛选的时候就统筹考虑，分步实施，优先考虑具有地区影响和世界影响的项目，所以这些项目在入选《中国档案文献遗产名录》的时候就具备了申报《世界记忆亚太地区名录》《世界记忆名录》的资格和条件。例如，纳西族东巴古籍2002年3月入选首批《中国档案文献遗产名录》，2003年8月入选《世界记忆名录》；南侨机工档案2002年3月入选首批《中国档案文献遗产名录》，2018年入选《世界记忆亚太地区名录》；2003年10月入选第二批《中国档案文献遗产名录》的彝族文献档案也将准备《世界记忆亚太地区名录》和《世界记忆名录》的申报。

四、今后的工作思路

为了加大档案文献遗产项目申报工作的力度，通过文献遗产的申报进一步推动档案馆与博物馆、图书馆、科研机构、企业等的合作交流，从而促进文献遗产在调查、价值评估、修复与保护、人才培养、开发和共享方面建立起全方位的合作机制，在全社会营造重视、保护文献遗产的良好氛围，把保存在各类机构和民间的文献遗产收集、整理、保护、开发、利用起来，云南省档案局专门成立了世界记忆项目申报领导小组，并启动了档案文献遗产申报工程，组建了世界记忆项目申报项目储备库，组织专人负责世界记忆项目申报工作，认真筛选、梳理云南地域内时间久远、内容系统、独特、稀缺的文献遗产，并对这些文献进行整理、评估和排序，同时制定了云南档案文献遗产评选办法和抢救、保护、开发计划，有计划、按步骤地组织申报。

今后，云南省将按照联合国教科文组织世界记忆项目章程，有计划、按步骤地实施文献遗产的抢救保护，加大对少数民族文献遗产、地域特色文献遗产的抢救保护力度，继续推荐该省优秀的文献遗产入选国家级、地区级和世界级名录。同时，云南省还将加强对入选文献的宣传、保护、开发和利用，向联合国教科文组织及世界各国充分展示云南省优秀的档案文献遗产，助力"一带一路"和云南面向南亚、东南亚辐射中心建设，为云南社会的跨越式发展做出应有的贡献。

作者简介

和丽琨，女，纳西族，云南省档案局（馆）副研究馆员。从事档案史料编研20余年，多次参与《中国档案文献遗产名录》的申报工作。

段俐娟，女，云南省档案局（馆）副局（馆）长，2018年牵头组织将云南省档案馆藏南侨机工档案成功申报入选联合国教科文组织《世界记忆亚太地区名录》，填补了云南省在区域级记忆工程名录中的空白。

做有温度的传播者
——苏州市档案馆文献遗产教育的做法和感想

谢 静

2018年11月10日,世界记忆项目苏州学术中心在苏州市档案局正式成立,世界记忆项目进校园实践基地也落户江苏省苏州第十中学校。作为本地重要档案文献的管家,档案馆在做好城市记忆守护者的同时,更愿意以讲述者、传播者、助推者的身份参与本地优秀传统文化和记忆项目的保护与传承。

而如何通过现有的功能充分发挥文献遗产和世界记忆名录效应,推动世界记忆项目进校园,实现对青少年的有效教育,增强青少年的文献遗产保护意识,这方面有很多内容可以探索。在借鉴同行优秀经验、发挥自身资源特色的同时,档案部门需要思考的是怎样在这些工作中体现温度,让参与的人,特别是青少年学生朋友,从各类活动中感受到温情、感受到乐趣并有所收获。本文以世界记忆项目苏州学术中心成立以来所做工作为例做简要分析。

一、不做"熟悉的陌生人",促进社会与档案馆之间的相互了解,让青少年亲近档案馆

很多学生可能听说过档案馆,但相较图书馆、博物馆来说,档

发展中的世界记忆

案馆稍显陌生。档案馆是一个什么样的单位，他们多半不清楚。在这种陌生关系中，档案也好，世界记忆项目也好，与教育的结合是有难度的。针对这一问题，苏州市档案馆主动开展了一系列活动：联系学校，举办新书首发仪式，参加苏州校园文化论坛；方便学生，把丝绸样本档案文献展送进校园；发挥爱国主义教育基地与未成年人教育实践活动平台作用，定期发布活动，及时更新网页信息；联系媒体，邀请"小记者""成长苏州""妇女儿童活动中心""电视台教育频道"等传媒单位，积极热情地参加现场活动拍摄，并通过互联网、面向学生的电视教育频道进行传播。（图1）

图1　和多个教育组织积极合作

以上工作一方面使学生们得以近距离接触档案馆，亲身参与文献遗产传承和保护，另一方面使档案馆了解到学生们现在的兴趣、特点和需求。在相互了解的基础上，档案馆与学校、媒体和教育机构建立了良好的合作关系。本着"承接过去，面向未来"的责任与共识，苏州市档案馆努力发挥自身的教育功能。这也成为世界记忆项目苏州学术中心成立后的重点工作任务。

二、扮演"时空的拼接者"，关注学校教育需求，举办富有意义的人文活动

作为社会教育文化事业的重要组成部分，档案馆在配合学校教育方面有着义不容辞的责任。2019年，在"五四"青年节来临之际，苏州市档案馆与世界记忆项目进校园实践基地——江苏省苏州第十中学校共同举办了"吴门珍档与未成年人教育主题研讨会"暨《馆藏名人少年时代作品选（增订本）》新书发布会（图2），邀请名人后人和苏州市文明办、苏州市教育局、苏州图书馆、苏州教育博物馆等单位以及苏州8所学校代表参加。这本书是从馆藏历史文献中精选100年前的学生优秀作品结集而成。在发布会现场，主办方特意邀请与书中作品的作者就读于同一所学校的两位学生在100年后的今天朗诵书中的作品选段，深情的朗诵声在有近百年历史的礼堂里回荡，听者有穿越时空、不知今夕何夕之感。

苏州市档案馆利用历史文献，做了一回时空的拼接者。苏州百年老校协会钟连元会长发言道：校园就应该传播人文精神。档案文化走进中小学，是时代的召唤。希望中小学生也能进一步走进档案馆，了解档案文化。

发展中的世界记忆

图 2　在校园举办新书发布会

三、建设"兴趣的乐园",利用馆藏文献的既有优势,邀请青少年学生参加个性化的教育活动

2 500 年前,中国的思想家孔子说,"知之者不如好之者,好之者不如乐之者",意思是:懂得它的人不如爱好它的人;爱好它的人又不如以它为乐的人。这句话揭示了取得好的学习效果的一个秘诀,那就是培养对学习的热爱和兴趣。如果文献记载的文化内容是土壤,我们希望学生们能有兴趣走上这片土壤,通过动手参与,亲手栽种出花花草草,在轻松有趣的过程中有所收获。

我们主要策划了三个主题的系列体验活动:

1. "拯救人类记忆的超级英雄——档案"体验活动（图3）

通过历史上一些真实事例的讲述，让学生们理解了档案为何是拯救人类记忆的超级英雄，它在生活中、在一个城市的历史中扮演了怎样的英雄角色；接着让学生们了解了档案及全世界的珍贵历史文献的现状：由于纸张特别是酸性纸的寿命较短，珍贵的历史文献正面临巨大的威胁；最后通过一起制作无酸纸档案盒这个"英雄护甲"，加深了学生们对档案及其保护的认识，激发了大家为档案文献的保护贡献一分力量的热情。

图3 "拯救人类记忆的超级英雄——档案"体验活动

2. "笔尖上的古城"系列活动（图4）

结合馆藏城市历史文献，学生们以创意绘画的形式，先后创作了"小桥流水""昆曲脸谱""水乡服饰""苏式面点"等主题作品，并在课堂区域展示部分作品。

图4　"笔尖上的古城"系列活动

3. "古人生活与……"系列活动（图5）

根据馆藏"过云楼"文献记载的中国古人生活，学生们自己动手制作扇坠与香牌，体验了古人摇扇闻香的风雅之趣。

自世界记忆项目苏州学术中心成立以来，这些活动收到近百条评价，以下为其中几条：

第一次来到苏州档案新馆，这里环境优美，一道历史长廊让人印象深刻，墙面上记载着非常有意义的历史时刻。还体验了一节

"绘画古城"课,老师教得很好,教孩子们绘画美丽的江南古城。真是特别有意义的学习体验!

通过此次体验了解了苏州的人文发展历程。让人感叹文献记录的完整性、全面性。

非常不错的活动,用生动的形式让小朋友们有发觉苏州之美的动力。

观察水乡的传统服饰,了解苏州的传统文化。

有历史、有文化、有传承……

图5 "古人生活与……"系列活动

我们希望立足档案文献，通过生动有趣的互动形式，寓教于乐，用中国诗人的话叫"润物细无声"，努力在青少年的心中播撒珍视记忆、建立档案、保护文献的观念。这是一个从感受到理解再到参与的过程，如同联合国教科文组织的目标"于人之思想中构建和平"，虽然不会有立竿见影的效果，但它是一种"润物细无声"的力量，是支撑从事教育文化事业的人们恒久努力的力量。以下是三点简要的感想。

1. 成为专业的传播者

要成为文献遗产的传播者，首先要培养对文献遗产的热爱，并成为专业人士；其次是要树立档案记忆观，从集体记忆、社会记忆视角认识档案文献的性质与价值，从记忆角度来重新设计工作的内容和形式；再次是面对青少年教育时要掌握教育学的基本理论和工作方法。比如，根据青少年教育心理学，跟踪活动的评价反馈，及时调整授课方式与节奏，引导青少年学生理解并反思所看、所学、所做；面对不同年龄的学生，要准备不同的讲解内容和采取不同的交流方式，谈笑之间带领学生穿越时空、上下千年。

2. 营造友好的文化氛围

过去档案馆给人的印象是严肃有余、活力不足，"神秘感"太浓，限制又太多。随着信息化时代的扑面而来，档案馆应该顺应时代要求，尊重公民利用档案的权益，营造开放、友好的文化氛围，并进一步树立档案馆在文化传播上的社会地位与形象。

苏州市档案馆占地2 000平方米的"吴门珍档"展览是我们建设课外教室的主要阵地。同时，档案馆根据青少年的爱好，对未成年人体验区域和苏州市档案馆在"成长苏州"网络平台的页面分别做了更新。未成年人体验区域新增象征传承的档案索引目录柜、便于家长陪伴的折叠椅、放置青少年读物的隔断书柜等,对挂墙历史照片做了更大版面的设计;网站介绍文字调整为《档案会说话》的新版本,页面增加未成年人体验活动的欢快图片,并将成人化的图片说明转换成面向未成年人的语言,塑造了活泼温馨、朝气蓬勃的环境氛围。

3. 搭建开放的合作平台

合作不能简单理解为处好人际关系,我们寻求合作是为了互利共赢。在发挥文献遗产和世界记忆名录效应,提升青少年对文化遗产的保护意识这件事上,有很多的组织与我们目标一致、意愿相同。苏州是拥有世界遗产数量较多的历史文化名城,也是较早开展世界遗产青少年教育的城市,有来自民间、教育部门、政府不同层次的教育分工与联动体系。世界记忆项目苏州学术中心的成立正是给政府机关、学校、媒体、文创机构等多方合作打造了一个良好平台。

在2018年11月至2019年8月这10个月的实践中,苏州市档案馆与苏州阮仪三城市遗产保护工作站合作,举办"我为保护古城代言"为主题的绘本活动;邀请苏州博物馆顾问马洪德老师,为大家讲述了《抬头看见的历史——苏州砖雕门楼》;联合"麦月学堂""菊斋私塾"等文化创意工作室,举办了多期基于文献遗产保护、城市记忆传承的教育体验课……(图6)下一步,苏州市档案馆还将与亚太地区世界遗产培训与研究中心苏州分中心沟通联系、谋求合作,学习他们在遗产教育这一领域的丰富经验。

2018年,洛塔尔·乔丹副主席在"世界记忆项目在中国"国际学术研讨会上说:将文献遗产和《世界记忆名录》应用到全世界的学校教学中,是一项全新的工作。新事物往往能更好地促进发展。

图6　各类实践活动中同学们的合影

相信依托世界记忆项目苏州学术中心这一平台，我们能更好地保护和利用宝贵的档案文献遗产，并推动档案文化教育功能上一新台阶。当然，也期望世界记忆项目教育和研究分委会能对我们的工作给予一定的指导和帮助，提供活动主题、活动建议或活动方案，推荐相关的世界记忆学校教材，能为五大世界记忆项目学术中心搭建沟通桥梁，使各学术中心互通有无、牵手合作，共同推动世界文献遗产的教育研究与保护利用工作！

作者简介

谢静,女,苏州市档案馆保管利用处处长、苏州市档案学会副秘书长,从事档案资源的收集整理与保护利用工作,负责苏州市档案馆"省级爱国主义教育基地"与"未成年人社会实践体验站"活动的开展。

"南京大屠杀档案"申遗成功后的南京大屠杀史实传播与教育

李宁 夏蓓

联合国教科文组织于1992年启动的世界记忆项目是世界文化遗产工程（涉及文化遗产、自然遗产、文化与自然双重遗产）的延伸，其关注的是文献档案，包括手稿、图书馆和档案馆保存的任何介质的珍贵文献等，项目的目的在于通过国际合作，利用技术手段，对世界范围内正在逐渐老化、损毁、消失的文献记录进行抢救，力图完整地保存人类记忆。中国从1997年到2017年共有13项档案成功入选《世界记忆名录》，其中，"南京大屠杀档案"于2015年10月9日被联合国教科文组织世界记忆遗产委员会正式认定为世界记忆遗产，入选《世界记忆名录》。自此，南京大屠杀的历史由一个城市的记忆、中华民族的记忆上升为全人类的记忆。本文回顾了南京大屠杀惨案发生以来新闻传播及相关教育开展的历程，并以此为依托探讨在"南京大屠杀档案"已经成为世界记忆遗产的背景下，南京大屠杀史实传播与教育如何更加深化和国际化。

一、中华人民共和国成立前的南京大屠杀史实传播与教育

1937年12月13日，发生在南京的侵华日军屠杀南京30万平民事件是第二次世界大战中的三大惨案之一，是人类文明史上极为黑暗的一页。惨案发生后，日军深知其侵略与屠杀暴行为人类所不齿，因此想尽一切办法封锁消息、控制言论，不让任何烧杀奸淫的暴行传播出去，但仍有充满正义和良知的中外记者冒着生命危险将南京大屠杀惨案的消息公之于世。1937年，12月15日的《芝加哥每日新闻报》、12月16日的《西雅图每日时报》、12月18日的《纽约时报》分别刊登了相关报道。12月16日，"中央通讯社"自徐州发出电讯，报道日军"连日大肆搜索，任意杀戮，城内外各种建筑被其纵火焚毁者甚多"。① 1938年年初，随着幸存者从南京逃离，中国报刊对南京大屠杀的报道日渐增多。由于幸存者是亲身经历者，且仍处记忆强化期内，当时报纸上对幸存者的回忆大都记载详尽、描述具体。

这些报道都有一个共同的主题，即"复仇"。如《大公报》（汉口版）在专栏《敌寇万恶录》的前言中明确表示：现在敌寇已把奸、淫、掠、掳当成拿手好戏，对他这种万恶的罪行，应该记录，使全世界爱好和平、主持正义的人士知晓，并唤醒国人，起来复仇！② 《大公报》主笔张季鸾更是直接发表社评，发出号召："我们大家务须联合全世界主张正义人道者，努力杀敌，以为这些被害

---

① 《南京敌军焚掠》，《大公报》（汉口版），1937年12月17日，第3版。
② 《敌寇万恶录》（前言），《大公报》（汉口版），1938年2月20日，第2版。

人申冤雪耻。后方各界，特别要刻刻不忘！"①

新闻报道是纸媒时代最重要的信息来源。南京大屠杀相关报道不仅是揭露与记录日军暴行的重要载体，也是舆论引导民众坚持对日作战的"现实教材"。换言之，出于抗战宣传的目的，南京大屠杀史实教育与传播在这一时期其实就已开始，其目的在于唤醒民众的民族主义情感，争取最后的抗战胜利。

抗战胜利后，为对日军在南京大屠杀期间所犯暴行进行全面调查与审判，国民政府成立了南京敌人罪行调查委员会、南京市抗战损失调查委员会、南京大屠杀案敌人罪行调查委员会等机构，以开展具体工作。在搜集敌人罪行的过程中，虽然很多幸存者由于身体和心理所受的双重创伤不愿回忆所经历的非人磨难，但经过相关劝慰，多数幸存者填具了敌人罪行调查表，更有很多南京市民请人代写文书或亲自向上述机构呈文，重述自己或家人、邻人所遭受的日军非人道残害，这些材料成为后来南京大屠杀史实传播与教育的重要史料来源。

1946年，国民政府的教科书首次提及日军在南京的暴行，"日军又继续进犯，于十二月十三日占据南京，大肆屠杀"；1948年，吕思勉编写了《复兴高级中学教科书本国史》，书中对南京大屠杀有较为详细的叙述，这是"南京大屠杀"首次明确出现在教科书中。其对南京大屠杀的叙述为：我军民被敌集体射杀者十九万余人，此外被零星屠杀、尸体经收埋者十五万余人。这段描述与南京大屠杀案罪首谷寿夫判决书中"计我被俘军民在中华门、花神庙、石观音、小心桥、扫帚巷、正觉寺、方家山、宝塔桥、下关草鞋峡

---

① 《为匹夫匹妇复仇》，《大公报》（汉口版），1937年12月28日，第2版。

等处，惨遭集体杀戮及焚尸灭迹者达十九万人以上；在中华门下码头、东岳庙、堆草巷、斩龙桥等处被零星残杀，尸体经慈善团体掩埋者达十五万人以上，被害总数共三十余万人"[①] 一节文字表述一致性较高，表明编写者在撰写教材时选择了具有法律效力的官方文件为史料来源，确保了历史记忆的真实性，也为日后的南京大屠杀史实传播与教育提供了扎实的记忆基础。

二、20世纪80年代以来的南京大屠杀史实传播与教育

中华人民共和国成立后，除1950年胡华编写的《中国新民主主义革命史（初稿）》、1956年人教社组织编写的高级中学课本《中国历史》、1962年出版的十二年制学校初级中学课本《中国历史（试教本）》、1979年出版的全日制十年制学校初中课本（试用本）《中国历史》（后修订为初级中学课本《中国历史》）等专著或教科书中略有提及外，国内对南京大屠杀史实鲜有传播与教育。

1982年，日本发生"教科书事件"。"教科书事件"歪曲历史，否认南京大屠杀，触碰了中国人民的底线，已经过去45年的南京大屠杀的惨痛记忆又一次被拉回现实。正是从这个时候起，中国特别是南京地区的档案馆、纪念馆、高校、研究机构的专家学者开始了对南京大屠杀史实的深入研究，通过对大量历史档案的挖掘整理，通过在海内外征集相关的文物史料，通过对大屠杀幸存者的巡访调查，通过举办各种悼念仪式及纪念活动，还原了南京大屠杀案

---

① 《谷寿夫判决书正本》（1947年3月10日），中国第二历史档案馆藏，战争罪犯处理委员会档案，档号：五九三/870。

的真实历史,结出了丰硕的学术研究成果。这些成果和珍藏在档案馆、纪念馆的档案一起通过长时间的积累被固化下来,形成了南京这座城市的独特记忆。在形成独特记忆的同时,南京大屠杀史实的传播与教育也达到了前所未有的广度和深度。

1991年出版的义务教育三年制、四年制初级中学教科书(实验本)《中国历史》、1993年出版的高级中学课本《中国近代现代史下册(必修)》、1997年出版的全日制普通高级中学教科书(试验本)《中国近现代史(必修)》等中学教材都有专门章节叙述南京大屠杀。南京大屠杀史实进入中国国民教育系列教科书,可以使每一位受过教育的公民都对这段历史有所了解。然而,受制于历史教科书的编排体系和容量限制,历史教科书中南京大屠杀内容虽然不少,但缺乏对日本军国主义的深入挖掘,缺乏对受害者具体情况的后续介绍,对大屠杀的背景交代也远远不够,[1]教材仍须深入、细化,教学方式仍须改进、创新。

南京大屠杀史实传播与教育的媒介除了教科书外,还有其他多样化的方式。20世纪80年代以来,南京大屠杀史实成了历史研究的重要课题,这些研究成果丰硕,种类多样:既有张宪文主编的72册、4 000多万字、从世界各地的图书馆和档案馆以及研究机构收集资料编纂成的《南京大屠杀史料集》这样宏大的史料汇编,又有《南京大屠杀全史》(上、中、下3册,110万字)这样的重磅学术专著,还有以"南京大屠杀史实展"为代表的各类展览,以及各类纪念活动。这些都是开展南京大屠杀传播与教育的重要方式。通过形式多样的传播与教育,普通受众对南京大屠杀史实有了深刻的形象记忆。2014年2月27日,第十二届全国人大常委会第七次会议通过决定:将每年的12月13日设立为南京大屠杀死难者国家公祭日。这一决定将对南京大屠杀死难者的纪念提升至国家层面,此后每年的国家公祭日都成为中国人民接受南京大屠杀史实教育的"必修课"时间。

三、南京大屠杀史实教育与传播的深化

2014年3月,中国启动"南京大屠杀档案"申请"世界记忆"项目;2015年10月,"南京大屠杀档案"凭借其内容的真实性、唯一性和形式的多样性成功入选《世界记忆名录》。自此,中华民族所遭受的亘古未有的苦难被写入了人类记忆的模块,与此同时,南京大屠杀史实也将面临如何与世界记忆遗产相匹配的、从更深与更广的层面进行传播与教育的问题。

如果仅仅将南京大屠杀史实记入名录而不传播或只进行简单的二元定性,那么南京大屠杀史实最终将只能成为一个民族的记忆符号,失去了以30万人生命警醒人类社会的世界意义。因此探讨申遗后南京大屠杀史实传播与教育的深化问题很有必要。笔者认为,南京大屠杀档案成为世界记忆遗产后,档案工作者一定要有新视野、新手段,要着重国际化表达,要站在人类和平的高度做好南京大屠杀史实的传播与教育工作。

首先,要充分利用"南京大屠杀档案"。档案是人们在各项社会活动中直接形成的各种形式的具有保存价值的原始记录。原始记录是档案最本质的属性。因此,在南京大屠杀史实传播与教育,特别是国际化传播与教育中要充分利用入选《世界记忆名录》的"南京大屠杀档案",使被教育者接受、认可这是人类的灾难,绝不能让这样的灾难在当今世界的任何一个角落、任何一个民族中重

演。与此同时，在史实传播与教育上应注重选取反抗案例。因为受教育者很可能对那些受害者形成一种强烈而刻板的印象——无反抗意识，而这会使受教育者感到沮丧甚至惊恐，如果增加确实的反抗案例，则会增加被教育者的正能量，有助于重塑英雄主义观念。另外，还要加强历史背景分析，揭露日军侵略本性，防止悲剧重演。在传播与教育的叙述方式上要注重从宏观叙事转向微观叙事，适时地将叙述重点转向微观层面，将南京大屠杀的宏观叙事转化为一个个个人和家庭的故事，重现历史现场，由此可以防止记忆的扁平化倾向，引发受教育者的认同和共情。

其次，要运用跨学科、多领域方式深化教育与传播。南京大屠杀史实传播与教育涉及公民教育、历史教学、道德教育、和平教育、跨文化教育、比较教育等领域，而过去的教育主要聚焦于历史教学与研究，对于其他领域的研究较薄弱，特别是未将其与公民教育、道德教育相联系。2001年，国家颁布了《公民道德建设实施纲要》，明确提出了"爱国守法、明理诚信、团结友善、勤俭自强、敬业奉献"[2]的基本道德规范；党的十八大报告提出倡导"富强、民主、文明、和谐、自由、平等、公正、法治、爱国、敬业、诚信、友善"的社会主义核心价值观。两者都强调了公民爱国的重要性。将南京大屠杀史实教育与公民爱国主义教育联系起来，不仅可以帮助受教育者直面历史真相，更可以激发他们的爱国主义热情，继而引发对"构建人类命运共同体"必要性的深层思考。

最后，要用新视野、新手段将传播与教育进行国际化表达。南京大屠杀档案入选世界遗产意味着这段历史已成为世界的记忆。根据联合国的定义，和平文化是一套价值观、态度、行为方式和生活方式，通过消除冲突的根本原因来摒弃暴力和防止冲突，通过个人、群体和国家之间的对话和谈判来解决文化冲突。记忆文化则是一个要求不断适应、批判和反思的过程。[3]记忆文化要让受害者、加害者和整个世界牢记在南京大屠杀中曾经发生过什么,并避免此种人类惨剧的再次发生,避免好战分子重新挑起战争,重新走上危害地区乃至世界和平的老路。这才是南京大屠杀档案入选《世界记忆名录》的要义。

"南京大屠杀档案"申遗成功后,其影响力、知晓度在国际上大大提升。2017年10月26日,加拿大安大略省议会投票决定将每年的12月13日设立为"南京大屠杀遇难者纪念日"。目前,全世界400多个海外华人社团及当地居民、族裔相继开展悼念南京大屠杀死难者活动,先后举办400多场展览。"南京大屠杀档案"成功申遗后,南京市委宣传部、南京市档案馆、侵华日军南京大屠杀遇难同胞纪念馆分别到德国、丹麦、法国、俄罗斯等国家举办南京大屠杀题材的主题展览。这些展览策展时都注重从西方人易于接受的视角切入,采用西方人乐于接受的表达方式,因此受到了西方世界的欢迎和认可。2017年12月,全球最大的教育出版集团培生出版集团(Pearson Education Group)致函中国第二历史档案馆,申请使用《程瑞芳日记》页面,将南京大屠杀编入了其在北美发行的电子历史教材。此外,侵华日军南京大屠杀遇难同胞纪念馆开展了多场以国际人士为主要传播与教育对象的活动,收到了很好的效果。

上述事例表明,我们采用了新视角、新手段对南京大屠杀史实进行传播与教育,使得西方世界对南京大屠杀史实的关注日益加强。南京大屠杀史实传播与教育更应借助各种国际渠道予以推进,中国人民作为行动的主体,应与世界人民共塑南京大屠杀史实记忆。

在世界范围内使消灭战争与贫穷的和平理念深入人心还有很长的路要走,因此深化南京大屠杀史实传播与教育任重道远。如何使入选《世界记忆名录》的"南京大屠杀档案"超越祖辈的回忆而真正成为人类的记忆,我们不会停止思考。

参考文献

[1] 黄云龙.中国历史教科书中的"南京大屠杀"[N].中华读书报,2015-9-2(14).

[2] 公民道德建设实施纲要[N].人民日报,2001-10-24(1).

[3] Zehavit Gross, E. Doyle Stevick.大屠杀教育——国际的视角:挑战、机遇与研究[M]//联合国教科文组织国际教育局.大屠杀教育的政策与实践:国际的视角(第一卷).上海:华东师范大学出版社,2013.

作者简介

李宁,女,中国第二历史档案馆史料编辑处副处长,馆员,长期从事民国档案编辑与民国史研究。

夏蓓,女,南京市档案馆档案资源开发处处长,研究馆员。长期从事档案史料编纂及中华民国史、抗日战争史、南京大屠杀史的研究,现为南京大屠杀史与国际和平学研究院研究员。

入选名录的文献遗产

甲骨文
——世界记忆名录中的古典文献遗产

宋镇豪

2017年，甲骨文成功入选联合国教科文组织《世界记忆名录》。新际遇迎来新作为，甲骨文遗产受到国家与社会各方高度珍视，甲骨文抢救性保护与科学整理研究呈现一派方兴未艾的新氛围。

一、甲骨文入选《世界记忆名录》

2019年是甲骨文发现"二甲子"的120周年及安阳殷墟考古90周年。以下几个时间节点值得我们记着。2017年3月27日，联合国教科文组织发来通知，中国于2016年提交申报《世界记忆名录》与《世界记忆亚太地区名录》的甲骨文顺利通过《世界记忆名录》的初选（图1）。2017年10月30日传来消息，甲骨文成功入选《世界记忆名录》。2017年11月27日，终选通过通知证书（图2）正式颁发。同年12月26日在故宫博物院建福宫，教育部、国家文物局、国家档案局、中国联合国教科文组织全委会等相关部门联合举办了甲骨文成功入选《世界记忆名录》发布会。

发展中的世界记忆

Communication and Information Sector
Knowledge Societies Division

Mr Song Zhenhao
Storekeeper and Researcher
Institute of History
Chinese Academy of Social Science
5 Jianguomen Neidajie
100732 Beijing
China

Ref.: CI/KSD/UAP/ML/AG/17/21   27 March 2017

Subject: Memory of the World Register Nomination N° 2016-79

Dear Sir,

Further to the submission of the nomination proposal **Chinese Oracle-Bone Inscriptions** for inclusion on the International Memory of the World Register, bearing the nomination number 2016-79, I wish to inform you that the Register Sub-committee (RSC) at its meeting from 26 to 28 February 2017 has recommended the nomination for inscription on the UNESCO Memory of the World Register.

The recommendation will be sent to the International Advisory Committee (IAC) of the Memory of the World Programme for consideration, at its meeting in September 2017. The IAC's recommendations for inscription will be forwarded to the Director-General of UNESCO, who exercises the final decision on the inscription of nominations on the UNESCO Memory of the World Register.

I should like to stress that until the Director-General's formal notification is received, this preliminary recommendation is unofficial and should not be publicly divulged.

Yours sincerely,

Iskra Panevska
Programme Specialist
Memory of the World Programme

7, place de Fontenoy
75352 Paris 07 SP, France
Tél.: +33 (0)1 45 68 44 97
Fax: +33 (0)1 45 68 55 83
www.unesco.org

图 1　2017 年 3 月 27 日，甲骨文申报《世界记忆名录》初选通过通知书

UNESCO

United Nations
Educational, Scientific and
Cultural Organization

Organisation
des Nations Unies
pour l'éducation,
la science et la culture

Organización
de las Naciones Unidas
para la Educación,
la Ciencia y la Cultura

Организация
Объединенных Наций по
вопросам образования,
науки и культуры

منظمة الأمم المتحدة
للتربية والعلم والثقافة

联合国教育、
科学及文化组织

Communication and Information Sector
Knowledge Societies Division

Mr Song Zhenhao
Storekeeper and Researcher
Institute of History
Chinese Academy of Social
Science
5 Jianguomen Neidajie
100732 Beijing
People's Republic of China

Ref.: CI/KSD/UAP/RP/17/222

27 November 2017

Dear Sir,

It is my pleasure to inform you that, upon the recommendation of the International Advisory Committee of the Memory of the World Programme, at its thirteenth meeting held at the UNESCO Headquarters in Paris (from 24 to 27 October 2017), the Director-General has endorsed the inscription of:

Oracle-Bone Inscriptions

on the Memory of the World International Register.

To this effect, you will find enclosed herewith eleven certificates signed by the Director-General. The inclusion of this documentary heritage in the Memory of the World Register reflects its exceptional value and signifies that it should be protected for the benefit of humanity. It also offers an excellent opportunity to draw attention to the importance of the collective memory and its safeguard to enable as many people as possible to have access to it.

In this context, we also invite you to commemorate its designation as part of the Memory of the World by affixing a plaque, which could be unveiled at a special ceremony at the Cultural Heritage Office, or by organizing other celebratory events.

We are enclosing guidelines on the use of the Memory of the World logo, which we hope will lend greater visibility to preserving documentary heritage.

Yours sincerely,

Boyan Radoykov
Chief of Section
Universal Access and Preservation

cc: National Commission of the People's Republic of China for UNESCO
Permanent Delegation of the People's Republic of China to UNESCO

7, place de Fontenoy
75352 Paris 07 SP, France
Tél. : +33 (0)1 45 68 36 66
Fax : +33 (0)1 45 68 55 83

www.unesco.org

图 2　2017 年 11 月 27 日，甲骨文申报《世界记忆名录》终选通过通知证书

发展中的世界记忆

《世界记忆名录》创建于1997年,是联合国教科文组织的三大旗舰项目①之一,关注的是世界的文献遗产。为了区别文献遗产的地域影响力,联合国教科文组织根据地区划分,后来又建立了《世界记忆非洲地区名录》《世界记忆亚太地区名录》《世界记忆拉丁美洲和加勒比地区名录》《世界记忆名录》旨在用最可见的方式,将一个抽象的理想与目标——保护文献遗产——变得更易于接近和具体化,目的是呼应联合国教科文组织,引起各国政府、社区和个人对世界文献遗产保护、利用情况的重视与关注。联合国教科文组织的《世界记忆名录指南》(Memory of the World Register Companion)中说:列入任何一级的名录都表明联合国教科文组织对其永久价值和重要性的肯定。它同时也提高了该文献遗产保管单位的地位。随着时间的推移,通过让更多的人了解那些不知名的文献遗产,名录将有助于改变人们对世界历史的认识和理解。文献遗产入选后,申报单位可获得联合国教科文组织的证书,有权利使用世界记忆的标志。该标志本身就证明了联合国教科文组织的承认。该文献也因此具备了与其他被列入名录的文献同等的地位,因此也具有要求政府更加重视该遗产保管机关的理由。

甲骨文成功入选《世界记忆名录》,标志着联合国教科文组织宣布肯定了甲骨文遗产的世界意义,肯定了其对文化和社会历史产生的深远影响,肯定了甲骨文与世界其他被列入名录的文献遗产有着同等重要的国际地位。这是一份荣誉,也是一份厚重的责任担当!

殷墟甲骨文是地下出土的中国最早的成文古典文献遗产,是重

---

① 另两个项目是:《世界遗产名录》,登录具有杰出普遍价值的建筑物和自然遗址;《非物质遗产名录》,关注的是口述传统和文化的传承。

建中国上古史，窥探三千年前殷商社会生活景致，寻绎中国思想之渊薮、中国精神之缘起、中国信仰之源头、中国传统文化之特质与品格之由来、中国艺术美学之发轫的最真实的素材。

甲骨文申报《世界记忆名录》，学界期盼已久。早在2006年8月，在河南安阳"庆祝殷墟申遗成功及YH127坑发现79周年国际学术研讨会"上，专家学者就吁请国家立项，启动甲骨文申报世界文化遗产。2010年5月21日，全国古籍保护中心专门召开甲骨文申报《世界记忆名录》专家座谈会，正式确定国家档案局为申报归口管理单位，适时启动申报程序。国家图书馆则组织专家学者多次研讨申报事项及甲骨文申请列入《国家珍贵古籍名录》的有关标准制定和实施办法。2013年3月8日，经国务院批准，甲骨文正式列入《国家珍贵古籍名录》。

经过酝酿筹划，2013年7月，国家档案局协同国家文物局，委托笔者担纲"甲骨文申报《世界记忆亚太地区名录》"与"甲骨文申报《世界记忆名录》"两个中英文申请文本的撰写工作，笔者的学生郅晓娜博士协助承担文本的英文翻译。笔者须依据联合国教科文组织的《世界记忆名录指南》及《文献遗产保护总方针》，对甲骨文申报《世界记忆名录》申请表的各项准则做深入透彻的分析，形成明确的对应规则，论证甲骨文申报《世界记忆名录》的必要性和重要性，为确保珍贵的甲骨文遗产和档案资料得到保护与传播提交明确、真实而权威的申报理由，并为国家文物局与国家档案局准备提交申报纸本与电子文本及所需配套资料。

甲骨文申报《世界记忆名录》，采用联合申报的形式，我们选定了以中国社会科学院历史研究所、中国社会科学院考古研究所、中国国家图书馆、故宫博物院、山东博物馆、上海博物馆、旅顺博

发展中的世界记忆

物馆、天津博物馆、南京博物院、北京大学、清华大学等 11 家单位珍藏的约 93 000 片甲骨文为申报主体,主要是基于这 11 家单位的甲骨文藏品数量多,来源与递藏经过清楚,入藏程序规范,档案登记明确可查,且经专家真伪鉴定,有其级别划分,具备文物、文献遗产及学术史意义。

甲骨文申报世界记忆遗产的 11 家甲骨文藏品单位的收藏数量如下:

1. 中国社会科学院考古研究所（Institute of Archaeology, Chinese Academy of Social Sciences）：6 555 片

2. 中国社会科学院历史研究所（Institute of History, Chinese Academy of Social Sciences）：2 024 片（图 3）

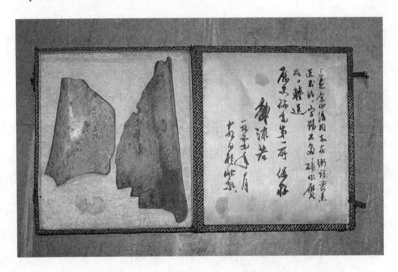

图 3　郭沫若捐赠中国社会科学院历史研究所甲骨文藏品

3. 中国国家图书馆（China National Library）：34 783 片

4. 故宫博物院（Beijing Palace Museum）：22 463 片

5. 山东博物馆（Shandong Museum）：10 518 片（图 4、图 5）

入选名录的文献遗产

图 4　山东博物馆藏甲骨文

图 5　山东博物馆墨拓整理甲骨文

6. 上海博物馆（Shanghai Museum）：4 905 片
7. 北京大学（Peking University）：2 980 片
8. 南京博物院（Nanjing Museum）：2 870 片
9. 旅顺博物馆（Lvshun Museum）：2 231 片
10. 天津博物馆（Tianjin Museum）：1 798 片（图6、图7、图8）

发展中的世界记忆

图6　天津博物馆藏甲骨整理课题组部分成员

图7　天津博物馆藏甲骨文照片与拓本对照

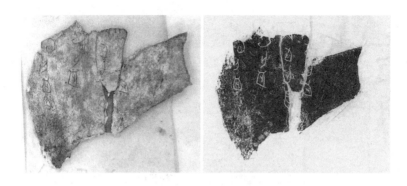

图 8　正确拼合后的天津博物馆藏卜骨照片与拓本对照

11. 清华大学（Tsinghua University）：1 755 片

在笔者拟写申报文本期间，国家文物局还专门组织召集全国 11 家甲骨文收藏单位负责人一起商谈如何配合申报工作。2013 年 11 月 26 日，申报文本完成。

随着国家全局性安排，《世界记忆名录》各项申报项目得以有序推进，2016 年我们又增补了申报图文材料。在教育部等相关部委的积极推动下，2016 年，甲骨文申报《世界记忆名录》的材料正式提交联合国教科文组织。2017 年，通过联合国教科文组织世界记忆项目国际咨询委员会的咨询和一系列实地考察、初审、终审，甲骨文最终成功入选《世界记忆名录》（图 9）。

必须指出，中国社会科学院考古研究所、中国社会科学院历史研究所、中国国家图书馆、故宫博物院等 11 家单位的甲骨文藏品成功入选联合国教科文组织《世界记忆名录》（图 10、图 11），其实也意味着流散海内外各处的所有殷墟出土的甲骨文都应归属于世界记忆遗产。甲骨文入选《世界记忆名录》不是终点，而是开始，更显其保护与传承的重要战略价值，对负责甲骨文文物的安全、保管和保护的机构具有正面的推进意义与监督作用。

发展中的世界记忆

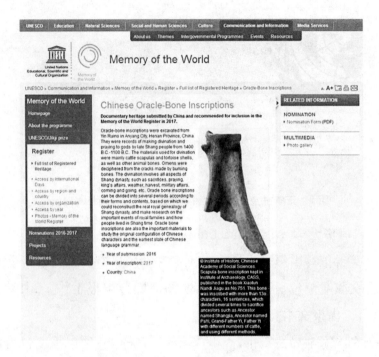

图9 联合国教科文组织网站公布甲骨文入选《世界记忆名录》

图10 中国社会科学院历史研究所收藏甲骨入选《世界记忆名录》证书

入选名录的文献遗产

```
UNITED NATIONS EDUCATIONAL, SCIENTIFIC
AND CULTURAL ORGANIZATION

Certifies the inscription of

Oracle-Bone Inscriptions

China National Library
(Institution)

Beijing                People's Republic of China
(Town)                         (Country)

ON THE MEMORY OF THE WORLD INTERNATIONAL REGISTER

30 October 2017              Irina Bokova
    (Date)                 Irina Bokova
                      Director-General, UNESCO
```

图 11　中国国家图书馆馆藏甲骨入选《世界记忆名录》证书

二、甲骨文展示的文化魅力

殷墟甲骨文内容繁富，具有极高的文物价值、史料价值和学术史价值，为研究中国源远流长的灿烂文明史和早期国家与人文社会传承形态提供了独特而真实、可贵的第一手史料。从 1899 年被发现至今，经海内外学者 120 年来前赴后继的探索，其中的历史文化奥秘逐渐被揭开，甲骨学崭然成为一门举世瞩目的国际性显学。殷墟甲骨文的发现也引发了前中央研究院历史语言研究所考古组 1928 年至 1937 年的 15 次殷墟发掘，以及中国社会科学院考古研究所自 1950 年迄今仍在继续的殷墟考古发掘，这一系列考古发掘工作不仅使失落的一座商王国都城进入今人的视野，而且也促进了中国近现代考古学的诞生与发展，殷墟在世界文明史上所占的重要地位随之确立。在 2006 年 7 月 13 日立陶宛维尔纽斯召开的第 30 届世界文化

139

遗产大会上,中国安阳殷墟被评选列入《世界文化遗产名录》。

甲骨文时代属于商王国后期,历时商王盘庚迁殷至帝辛亡国8世12王共273年,出自3 000多年前殷商王朝特殊人群之手,包括商王、贵妇、王室成员、卜官、贵族、各方巫师、地方要员等。这些人群以特有的占卜文例形式(通称"甲骨卜辞")或记事文例形式(通称"记事刻辞"),在龟甲兽骨上写刻下贯以他们的思维方式、行为方式、信仰追求的居常生活事象,记下了真实存在的商王室谱系,也记下了大量的神名、先王先妣名、贵显人物名、诸侯方国君长名、部落族长名、外交使者名与神话传说人物等,揭示出王位继承法与婚姻亲属制的特点,王事与臣属活动的政治景观,重大事件中的人物思想情感表现,商王与诸侯方国的关系,官僚机构与职官的职掌,社会生活中权贵与平民、奴仆的阶级结构,经济产业的管理者与手工业劳动者的等级关系,不同族群的宗教意识观念,军事战争中的武官、军队组织、武器装备和攻防行事,丧葬祭祀中人殉人祭者的身份、社会地位及其与墓主的关系,这些使商代成为有出土古文字记载可资考察的信史时代,填补了史书的缺载。

殷墟王都内的贵显人物每以龟甲兽骨进行占卜其日常生活行事的可行性,预测吉凶祸福。占卜前的整治工作包括取材和对甲骨施加削、锯、切、错、刮、磨、穿孔以及钻凿等。经过整治的甲骨,就可以进行占卜,施灼呈兆,在许多卜兆的近处,按一定的行文形式,书刻下占卜事项与卜后的记验辞,有的还涂朱填墨,包括之后的入档、集中瘗埋等,有专门一批人从事其礼。关于涂朱填墨的涂饰质料,美国皮其来(A. A. Benedetti-Pichler)著有《中国卜骨涂色之显微分析》("Microchemical analysis of pigments used in the fossae of the incisions of Chinese oracle bones", *Industrial and Engi-*

neering Chemistry Analytical*, Vol. Ⅳ, No. 3, 1937），美国汉学家白瑞华（Roswell S. Britton）著有《卜骨中之颜料》（"Oracle-bone color pigments", *Harvard Journal of Asiatic Studies*, Vol. Ⅱ, No. 1, 1937），对甲骨文涂饰的矿物质颜料朱砂（硫化汞）和植物性颜料炭墨有科学鉴定。

甲骨文的形式以卜辞文例为主，专指书刻在卜用甲骨上的卜辞行文形式、位置、次序、分布规律、行款走向的常制与特例，包括字体写刻习惯等，由此逐渐确立起一系列甲骨占卜程式，举凡大要者有四：一曰正反对贞，同事异问，一事多卜；二曰因袭前事的"习卜"之制；三曰"卜用三骨"之制；四曰卜筮并用，参照联系。甲骨文中有元卜、左卜、右卜一套"三卜"的卜官建制。

甲骨文是刻写在龟甲兽骨上的古典文献遗产，主要为占卜记事卜辞。完整的甲骨大小并不一律，据占卜主体者的身份不同而异。王卜多用各地进贡的大龟，一般贵族用王都附近产的尺寸较小的龟。龟的大小乃等级、权力、地位的一种标志物。最大的龟腹甲长44厘米、宽35厘米，背后有204组钻凿，现藏我国台湾"中央研究院"历史语言研究所（简称"史语所"），属武丁时，照片见《当甲骨遇上考古——导览YH127坑》第81页至82页，拓本见《殷墟文字丙编》184①、《甲骨文合集》（简称《合集》）14 659。1943年伍献文参照英国葛莱（Gray）氏大英博物馆《龟类志》（*Catalogue of Tortoises*），鉴定此大龟与今产于马来半岛的龟类是同种。1978年美国詹姆斯·F. 贝里（James F. Berry）鉴定此龟属于今缅甸及印度尼西亚一带出产的龟种［Geochylene（Testude）

---

① 甲骨著录书中的编号，下同。

Emys]。一般的龟长27~34厘米。今见完整龟甲一片上字数最多者达404字,正反共刻了71条卜辞,见《合集》974,现藏台湾史语所,属第一期武丁时;其亚者为第五期卜龟,有32条卜辞共270字,现藏旅顺博物馆,见《旅顺博物馆所藏甲骨》1 949。牛肩胛卜骨也有大小之分,最大的一骨现藏中国国家图书馆,为一牛右胛骨,通长43.5厘米、宽24厘米,正反面刻了35条卜辞和一条记事刻辞,共218字,属第四期武乙时,缩小照片见《铭刻撷萃:国家图书馆馆藏精品大展金石拓片图录》3,原大拓本见《合集》33 747。小一点的牛肩胛骨长32厘米、宽18厘米左右。牛肩胛骨的大小之别与牛龄、个头大小及种属有关,黄牛的肩胛骨狭而长,水牛的肩胛骨骨扇宽大。一片牛肩胛骨上字数最多者达376字,有42条卜辞,见《合集》27 042,现藏台湾史语所,属第三期康丁时。此外,还有十分鲜见的象胛骨卜骨,共发现两例,均属武丁时。第一例现藏辽宁省博物馆,反面有27组钻凿,见《合集》13 758正反;第二例现藏中国国家图书馆,照片见《铭刻撷萃:国家图书馆馆藏精品大展金石拓片图录》6,拓本见《甲骨缀合编》32、33,又见《合集》9 681。另还有一些与占卜不相干的记事刻辞,包括人头骨刻辞、虎骨刻辞、兕骨刻辞、兕头骨或牛头骨刻辞、鹿头骨刻辞、牛距骨刻辞及一些骨器上的记事刻辞等。甲骨文还有用软笔朱书或墨书的。在考古发掘发现的甲骨文中,有的整批出土于当时有意瘗埋的土坑中。瘗埋地点有所不同,甲骨组类属性也相应而异,可以据以整体断代及识别是某某王卜辞或非王卜辞。

甲骨上完整形式的卜辞包含叙辞、命辞、占辞、验辞四部分。叙辞记卜日和卜人名;命辞记占卜的事类,也是卜辞的中心部分;占辞是视兆坼判断事情的吉凶的判断辞,属于占卜的结果;验辞是事情应验的追记。多数卜辞只记叙辞和命辞。甲骨文出土时以碎片为多，流传与收藏过程中又不断面临碎缺、损坏与粉化的危险。不过，按卜辞同文例可以残辞互补，有的经过碎片拼缀，卜辞内容也可以完整通读。

殷墟甲骨文的内容涉及晚商时期的自然生态、天象祲异、气候灾害、政治制度、王室结构、宗法与宗庙制、王权与神权关系、文化礼制、立邑任官、卜官与占卜制度、土地所有制、社会经济生产、交通出行、外交征伐以及商王都内权贵阶层的日常生活状况，如衣食住行、生老病死、婚姻嫁娶、养老教子、梦幻思维、情感意识、宗教信仰、祀神祭祖、饮食宴飨等方方面面。

甲骨文中记下的商王国的政治疆域总体面貌以及相应的内、外服制度，可资了解当时社会的阶级分层、政体架构和国家管理形式：最高统治者是商王，商王之下有一批内服辅政官员，统领着一个较大的官僚集团，为商王提供咨询和负责处理具体事务。其中，卜官集团负责为商王提供宗教祭祀方面的决策参考，利用神灵力量影响政事裁决。地方族落或基层地缘组织总数有700多个，由各个宗族的族长负责最基层的管理。在法律刑罚方面，有一套墨、劓、刖、刵、椓的"五刑"系统。商王朝周边方国达160多个，方国君长是商王朝外服官员构成的主体，有的方国与商王朝时敌时友，军事征伐及服属交好的记载甚多。商王朝的武装力量构成体制，分为王室军队、诸侯方国军队及"兵农合一"的非常设"族兵"三大类。

甲骨文中有不少风霜雨雪的气象及水旱虫灾的记录，还记下了流星雨以及发生于公元前1200年前后的5次日食，这些记录是古气候与古天文学研究的重要资料。还有许多野生动植物及猎获象群的记录,可资研究黄河中下游地区自然生态与历史地理环境的变迁。甲骨文中把一年分为春、秋两季,实行一套适合农业定居生活的以太阴纪月、太阳纪年的阴阳合历,平年十二月,闰年十三月,有大小月之分,如单月称"小月"(山东博物馆馆藏号 8.110.17)、"小一月"(《符凯栋所藏殷墟甲骨》1)、"小三月"(《东北师大所藏甲骨选释》13)、"小五月"(《合集》21 637)、"小生七月"(《合集》7 791),与今称偶月为小月恰相反。闰月的安排采用年终或年中置闰,以调节太阳年与朔望月的关系。甲骨文中将一天大致分为 16 个时段,不同时段有不同"时称",即时间单位词,白天自旦至暮共 9 个时段,夜间自昏至夙分为 6 个时段。"食者,民之所本",甲骨文中的粮食作物种类有禾(粟)、粱(黏性粟)、黍、麦(大麦)、来(小麦)、秜(糯稻)、秜(稻生稻)、尗(大豆)、穈(高粱)等。为求农作物丰收,有祭风宁风、止雨御涝、焚巫尪以祈雨御旱灾及宁息蝗灾等农业祭祀行事。当时人群的宗教信仰分野,主要为最上层上帝、中层天地间祖先神和自然神祇、最下层鬼魅世界三大信仰系统。对先王先妣的祖先祭尤为隆重,可分特祭、临时祭、合祭和周祭四类。

甲骨文中还有名类繁多的建筑称名,礼制性宫室建筑合居住、祭祀、行政为一体,宫庭与池苑相辅相成,已开后世宫廷与皇家园林相系的先河。甲骨文记有 20 多种乐器名,10 多种不同祭歌名,不同形式的武舞与文舞名,乐师"多万"[①] 和众多舞臣的专事分工,反映了当时器乐与音乐、舞蹈的发达状态。还有 50 余种病患记录,如以现代医学分科则分属内科、外科、口腔科、齿科、五官科、呼

---

① 乐师的群称。

吸道科、消化道科、眼科、骨科、脑科、神经科、肿瘤科、小儿科、妇科、传染病科等。有关疾病的治疗，药物、针灸等数者兼备。

甲骨文是汉字和汉语的鼻祖，是研究汉字原初构形与汉语言语法最早形态的重要素材。甲骨文的单字量约4 400个，可识、可读、可隶定的约2 400个，其中约1 400个见于现代汉语字典，其余2 000个已经不可释读，都为消逝的人名、地名和某种祭祀名，但其词性词义大多可据文例、语境而基本得知。甲骨文语言是汉语的母语，甲骨文的文辞体式与现代汉语语法结构一脉相承。由此可知，早在3 000多年前已经有比较健全成熟的一个自成体系的语言、词汇、句法和语法系统，现代汉语语法中的名词、代词、动词、介词、数词、某些量词、副词、连词、助词、形容词、语气词、疑问词、副词等在甲骨文中已经基本具备。

甲骨文内部有一个比较统一的语音系统，它构成中国秦汉以后汉藏语系的重要源头。由于甲骨文的发现，汉语言学的原初形态和汉语语法的早期特点已经由很难讲清变得可资精细厘析。

甲骨文也为现代书法艺术界提供了舒展才华的新天地。甲骨文书体造型与行文走笔具有高起点、合规度、具变宜的书法要素，先声正源而导流后世书艺，其刀笔、结体、章法三大要素显出早熟性的特色，直接或间接影响着晚后书学的流变，成为中国书法艺术的滥觞，体现出中华民族的美学原则和共同心理，即平和稳重的审美观和强弱均衡、节奏有序的心理意识，对中国社会和中国文化发展影响深远。人们在观赏文物旧迹、上追殷商神韵之际，立意于艺术构思，在真、草、篆、隶、行等传统书法艺术形式上别开生面，创立现代书艺新门类，为书坛文苑添彩增辉。

作者简介

宋镇豪，男，中国社会科学院学部委员，教育部和国家语委"甲骨文等古文字研究与应用专项工作委员会"专家委员，中国社会科学院甲骨学殷商史研究中心主任，中国社会科学院研究生院历史系博士生导师，中国先秦史学会会长。主要从事甲骨文古文字学、历史文献学、中国古代史的研究。

国家图书馆馆藏元刻本《黄帝内经》

李文洁　李　坚

医学是中国传统文化的重要组成部分,于中华民族血脉之延续、天下苍生性命之护佑,厥功甚伟。中国医学在发展过程中很早就进行了经验的总结,并形成了独特的、颇具中国哲学意味的理论。2010年入选《世界记忆亚太地区名录》、2011年入选《世界记忆名录》的《黄帝内经》是中华医学理论的奠基之作,且至今仍有效地指导着中医工作。

一、《黄帝内经》与中国古代医学

《黄帝内经》是中国现存最早的中医理论著作,它包括《素问》《灵枢》两部分。《素问》以黄帝、岐伯等上古名医问答的形式,阐述了中医对于病理、药理、诊断、治疗等各方面的见解。《灵枢》则针对脏象、经络及针刺之法进行系统的论述。

中医的形成与发展有着其实践经验的基础,同时也与中国传统文化的系统思维方式、哲学思想密不可分。中国古人用"阴阳""五行"来推衍天地的规律,《黄帝内经》亦将这些道理运用到人体上,来解释人体结构和机能、病理和病因。比如,《素问》中的《金匮真言论篇》中将人的五脏与方位、五官、五味、草木禽兽、四时、星宿、五音等联系起来,在天地万物中取象比类,将人体与自然巧妙地联系起来。《黄帝内经》的核心治疗原则是人与自然的统一。《素问》中的《阴阳应象大论篇》云:"天有四时五行,以生长收藏,以生寒暑燥湿风。人有五藏化五气,以生喜怒悲忧恐。"《灵枢》中的《刺节真邪篇》则云:"与天地相应,与四时相副,人参天地,故可为解。"按照这样的思路,症候可以用宇宙的普遍规律来解释,如果与四时阴阳的节律相应,人就可以达到身心的和谐。

《黄帝内经》所阐述的医学理论一直有效地指导着中医的临证实践。这一著作在古代即远播日本、朝鲜、越南等东亚国家,20世纪以来,又相继被译成英文、德文、法文等,影响广泛。

二、《黄帝内经》的成书与版本

《黄帝内经》撰成于战国至秦汉间,为时人总结旧说而成,编撰者难以稽考。成编后冠以黄帝之名,借以取重于世。《黄帝内经》之名,最早见于刘向父子的《七略》,班固《汉书·艺文志》因袭《七略》著录为"《黄帝内经》十八卷",后人一般认为是《素问》九卷、《灵枢》九卷二书。

汉以后,《素问》单行传世,独立成书。《隋书·经籍志》单独著录"《黄帝素问》九卷"。最早为《素问》作注者为南北朝时的全元起,《新唐书·艺文志》著录"全元起注《素问》八卷",该注本南宋以后失传。唐代宗宝应元年(762年),王冰在全元起注本的基础上重新整理、注释,历时十二年,将旧有的《素问》八卷析为二十四卷,计八十一篇。对于篇次更改处,王冰于每篇之下注出全元起本旧貌,仍然能够见其原来面目。北宋嘉祐年间（1056—1063年），校正医书局林亿、高保衡等人奉敕对王冰注本《素问》加以校勘,正谬误六千余字,增注释二千余条,并由政府刊印颁行。其规模之大、质量之优,均前所未有,为历代医家所珍重,故林亿等校本成为后世《素问》各种版本之祖本。

《灵枢》最早称《九卷》《针经》。唐代王冰在《素问》序言中说："《黄帝内经》十八卷,《素问》即其经之九卷也,兼《灵枢》九卷,乃其数焉。"自此,《灵枢》一名始有流传。南宋绍兴二十五年（1155年），史崧校正家藏旧本《灵枢》，并撰序云"昔黄帝作《内经》十八卷，《灵枢》九卷，《素问》九卷，乃其数焉，世所奉行唯《素问》耳"，于是"参对诸书，再行校正家藏旧本《灵枢》九卷，共八十一篇，增修音释，附于卷末，勒为二十四卷"。宋本《灵枢》今不存，元、明、清传刻者，多以史崧校正音释本为底本。

《素问》与《灵枢》在流传过程中均形成二十四卷本和十二卷本两个版本系统，但《素问》不出王冰注、林亿校的范围，《灵枢》亦本于史崧校注。《素问》一书现存最早版本是金刻二十四卷本，今藏国家图书馆，惜仅存十三卷；传世十二卷本中，以元至元五年（1339年）胡氏古林书堂刻本刊印最早且卷帙完整。《灵枢》诸本则以元至元五年胡氏古林书堂刻至元六年（1340年）印本为现存最早的完本。

中国国家图书馆收藏有元至元五年胡氏古林书堂刻本《新刊补注释文黄帝内经素问》十二卷及《新刊黄帝内经灵枢》十二卷。《新刊补注释文黄帝内经素问》6册，每半叶13行，行23字，黑口，四周双边；开本高26.3厘米，宽16.1厘米；版框高20.3厘米，宽12.4厘米。《新刊黄帝内经灵枢》3册，每半叶14行，行24字，黑口，四周双边；开本高25.7厘米，宽15.3厘米；版框高19.6厘米，宽12.7厘米。两本书有多处牌记明其刊刻原委。《素问》目录前牌记云："是书乃医家至切至要之文，惜乎旧本讹舛漏落，有误学者。本堂今求到元丰孙校正家藏善本，重加订正，分为一十二卷，以便检阅，卫生君子幸垂藻鉴。"目录末则镌"元本二十四卷，今并为一十二卷刊行"一行（"元"字据相同版本补）；卷末又镌刊刻牌记"至元己卯菖节古林书堂新刊"二行，至元己卯即元后至元五年。《灵枢》目录次行题："元作二十四卷，今并为十二卷，计八十一篇"；目录末镌刊刻牌记"至元己卯古林胡氏新刊"一行；卷一末又有"至元庚辰菖节古林书堂印行"二行，是书应为元至元五年刻版、次年印行。牌记中的"菖节"指端午节，民间有在端午节将菖蒲叶和艾叶结扎成束，挂在门前辟邪的习俗，故端午节也称"菖节"。

　　胡氏古林书堂在元至元年间曾刻印多种医书，如《素问入式运气论奥》《新刊黄帝内经素问遗篇》等，流传至今。而古林书堂在元至元五年刊刻《素问》《灵枢》并先后印行，使《黄帝内经》之两部分得以完整刊刻流传，并成为现存十二卷本系统中最早、最完整的版本。此元至元胡氏古林书堂刻《素问》《灵枢》二书，原分别流传，《素问》钤"叶树廉印""石君""归来草堂""朴学斋""铁琴铜剑楼""杏邨家藏""世医张氏璧甫卫生药室""望之审定"等印。《灵枢》钤印有"铁琴铜剑楼""约之"。清代末年同被瞿氏铁琴铜剑楼收藏，再成完璧，今藏中国国家图书馆。

三、中医文献的保护

在数千年中医药文明发展过程中,《黄帝内经》《本草纲目》等文献典籍皆为中医学术史上之鸿篇巨制,且至今仍在发挥重要作用。保护、传承、利用好这份珍贵的文化遗产,是一项重要而现实的任务。

2002年"中华再造善本工程"启动,影印出版了包含《素问》《灵枢》在内的多种医经、本草类古籍。2007年《中国中医古籍总目》正式出版,收录中医古籍近万种,其中不乏珍品。2011年,《中华医藏》项目正式启动,项目旨在梳理现存中医古籍文献,重新影印出版其中具有重要文献、文物价值的文献,从而使这些珍贵的财富得以化身千百,发挥更大作用。配合《中华医藏》编纂工作的启动,由文化和旅游部、国家中医药管理局联合主办,国家图书馆、中国中医科学院图书馆承办的"中华珍贵医药典籍展"于同年开展,对中华医药文化进行全面的介绍。

《中华医藏》编纂依托于中医古籍保护的良好背景,具有重大的学术意义和应用价值。原生性保护和再生性保护是中医药文献保护工作的两大主题。此外,对于海外存藏中医药文献的调研也是近年来的工作亮点、重点,需要进一步予以深入研究,这也是《中华医藏》编纂中不可缺少的组成部分。

中医药文化博大精深,中医古籍为数众多。入选《世界记忆名录》的元至元五年胡氏古林书堂刻本《新刊补注释文黄帝内经素问》十二卷、《新刊黄帝内经灵枢》十二卷(国家图书馆藏),以及明万历二十一年金陵胡承龙刻本《本草纲目》(中国中医科学院图书馆藏）是浩繁中医典籍中的佼佼者。我们希望以此为契机，促进中医药文化的普及与传播，唤起全社会对于中医古籍的关注，广泛、充分地听取各方面对于中医古籍保护工作的意见和建议，切实推进《中华医藏》工程的开展，为中华医药文明的传承贡献一分力量。

作者简介

李文洁，女，国家图书馆古籍馆副研究馆员。主要从事古籍编目、文献整理等工作。

李坚，女，国家图书馆古籍馆研究馆员。长期从事善本古籍采访、编目、典藏工作，主要研究方向是版本目录学、中国古代典籍史。

国家图书馆馆藏清代样式雷图档考略

白鸿叶

清代样式雷图档是指中国清代以雷氏家族为主绘制的建筑图样及相关档案文献,是中国唯一留存下来的系统的、完整的、珍贵的中国古代建筑工程图档,是世界独一无二的珍贵史料,已于2007年入选《世界记忆名录》。国家图书馆(简称"国图")是世界上收藏清代样式雷图档最宏富者,图档涉及范围涵盖皇家建筑的方方面面,包括皇家宫殿、皇家园林、坛庙、陵寝、王府、行宫等。

一、皇家宫殿

宫殿建筑是中国古代帝王专用的居所或者供奉神佛的建筑,等级最高。清朝皇家宫殿建筑主要有两处,沈阳故宫和北京故宫,它们是迄今保存完好的两座中国古代皇家宫殿建筑群,两者均是世界文化遗产,是全人类共同的物质和精神文化财富。

(一)沈阳故宫

沈阳故宫,旧称盛京宫殿,是清太祖努尔哈赤和清太宗皇太极时期在沈阳建造的宫殿建筑,始建于1625年前后,最终形成于1783年前后,经过150余年的建造、改建、增建和翻修,形成了今天所见的规模。现存样式雷图档中关于盛京宫殿的图档比较少,国家图书馆也仅存《盛京文溯阁地盘平样》和《盛京宫殿全图》两幅。

（二）北京故宫

北京故宫,旧称紫禁城,是中国明清两代的皇家宫殿,现为故宫博物院,是世界上现存规模最大、保存最完整的木结构古建筑群。这些古建筑以雄伟的外观、优美的造型、绚丽的色彩、精湛的工艺、有序的构架等特点闻名于世,体现了我国古代工匠高超的技艺及智慧。紫禁城虽不是样式雷家族设计建造的,但是在有清一代只要是紫禁城的改造重修都离不开样式雷家族的身影。国家图书馆收藏的故宫样式雷图档就是最好的证明,这些图档涉及的景点有乾清宫、昭仁殿、交泰殿、坤宁宫、御花园、绛雪轩、养性斋、漱芳斋、万春宫、千秋亭、浮碧亭、澄瑞亭、神武门、奉先殿、毓庆宫、祥旭门、景仁宫、延禧宫、承乾宫、永和宫、钟粹宫、军机处、养心门、养心殿、绥履殿、同和殿、永寿宫、长春宫、启祥宫、体元殿、咸福宫、储秀宫、静怡轩、锡庆门、宁寿宫、乐寿堂、慈宁宫、雨花阁、寿安宫、萱寿堂等。

二、皇家园林

（一）三海

三海是位于故宫和景山西侧的北海、中海、南海的合称,明清时期称为西苑。它是中国现存历史悠久、规模宏大、布置精美的宫苑之一。现在整个三海的格局和园林建筑，主要是乾隆时期完成的。三海总体布局继承了中国古代造园艺术的传统：水中布置岛屿，桥、堤交通，岛上和沿岸布置建筑物和景点。三海以太液池上的两座石桥划分为三个水面：金鳌玉虹桥以北为北海，蜈蚣桥以南为南海，两桥之间为中海。"液池只是一湖水，明季相沿三海分。"由于中海和南海紧密相依，故又合称中南海。北海是我国乃至全世界延续使用时间最长、遗存格局最完整、文化内涵最丰富的古代皇家园林杰作。[1]

粗略统计，国图馆藏三海图档近900件，其中三海相关文档30余件，内容涉及三海水道、清淤工程、踏勘丈尺工程、房间略节、装修记工、内檐用料呈文、免税执照等建筑踏勘、设计及施工内容。

北海相关图档约有60件，涉及景点包括北海全图、承光殿、琼岛、悦心殿、漪澜堂、琼岛点景房、濠濮间、画舫斋、静心斋、快雪堂、澄性堂、大西天、五龙亭、极乐世界等。图样有各景点地盘画样、平样、准样、大木立样等，文档有清淤略节、内檐装修领用物料禀文、尺寸单、工程作法册等。绘图年代多为同治、光绪朝重修期间。[2]

中海相关图档近700件，内容涉及河道清淤、摄政王府装修、仪銮殿装修、海晏堂装修等工程。图样包括：各景点地盘图样、寸样、平样、立样、分样，内檐装修图样，船坞画样，准底，等等。尽管图样很多，文档却只有《中海清淤略节》和《中海仪銮殿喜福堂东西配房装修略节》两件。图样涉及景点包括海晏堂、仪銮殿、集灵囿、仿俄馆、摄政王府、怀仁堂、福昌殿、大元宝镜等。其中海晏堂图档数量最多，当中又以内檐装修图样为最。

南海相关图档80余件，内容主要涉及南海清淤工程、丈量工程、内檐装修等。图样多为各景点地盘全图糙底、细底、样底、准底、地盘图样、地盘画样，内檐装修立样等，文档有丈尺禀文、核计土方银两略节、尺寸说帖、清淤略节等。涉及景点包括南海全景、瀛台、大元镜、春藕斋、春及轩、日知阁、牣鱼亭、丰泽园、同豫轩、宾竹室、颐年殿、菊香书屋及各配殿、值房。涉及的工程包括同治六年（1867年）三海清淤、同治十三年（1874年）重修工程及光绪朝修建朝房工程等，主要为地盘样及立样。对这些图档的整理，弥补了长久以来同治、光绪朝三海档案文献挖掘整理工作的缺环，为三海的保护与利用提供了扎实的理论及史料基础。[2]

（二）畅春园

畅春园是清朝在北京西郊兴建的第一座"避喧理政"的大型皇家园林，在"三山五园"建造中具有十分重要的开创之功[3]，在中国园林史上占有重要地位。[4]其后雍正、乾隆两朝，都以畅春园为参照，营建了圆明园和清漪园。畅春园于1860年与圆明园、清漪园等同时被英法侵略军劫掠焚毁，此后又先于圆明园被彻底废弃，史籍中甚至没有留下一张完整的平面图。国图馆藏畅春园图档共13件。其中，图样11件，包括：清溪书屋地盘样、糙底，疏峰地盘样、平样、糙底，观澜榭地盘画样、平样（2件），春晖堂平样，慈佑寺前戏台底样，畅春园东南部挖河尺寸粗底；文档只有《畅春园马厂慈佑寺前戏台立样地盘糙尺寸底说帖》和《泉宗庙畅春园装修说帖糙底》两件。

（三）香山静宜园

香山静宜园是清代皇家"三山五园"之一，以二十八景著称。

清代皇家于康熙十六年（1677年）在此修建行宫，雍正十三年（1735年）进行了扩建，乾隆十年（1745年）开始营建二十八景，于乾隆十一年（1746年）建成，乾隆十二年（1747年）命名为静宜园，此园成为乾隆皇帝最为喜爱的园林之一。据《清实录》统计，乾隆皇帝共在静宜园驻跸73次，写下静宜园相关诗作1 470多首。[5]清末，静宜园与圆明园、清漪园（后颐和园）等皇家园林先后2次遭英法联军和八国联军火焚，一代名园毁于一旦。国图馆藏香山静宜园图档40余件，景点涉及梯云山馆、东宫门、勤政殿、致远斋、雨香馆、学古堂、洪光寺等。

（四）玉泉山静明园

清康熙十九年（1680年），皇家在玉泉山建立行宫，名为澄心园。康熙三十一年（1692年），玉泉山澄心园正式更名为静明园。此时的静明园构景主要围绕泉水，是一内向型山水园林。咸丰十年（1860年）英法联军入侵，西郊园林俱罹浩劫。同治和光绪年间集中进行了2次涉及静明园的重修工程。[6]国图馆藏玉泉山静明园图档60余件，涉及景点包括开锦斋、溪田课耕、涵漪斋、清凉禅窟、西大庙、仁育宫、玉宸宝殿、采香云径、去外钟声、风篁清听、写琴廊、第一凉、峡雪琴音、华严寺、龙王殿等。

（五）圆明园

作为清代最重要的皇家园林，圆明园既是数千年悠久造园传统的集大成者，也是清代宫廷文化的主要载体和众多历史事件的发生地。在经过雍正、乾隆、嘉庆、道光、咸丰五朝皇帝赓续营建了150年之后，圆明园于1860年第二次鸦片战争中遭到了英法联军的摧毁,之后又历经劫难,最终沦为废墟。圆明园的罹难成为中国近代史上的一大悲剧。

国图馆藏圆明园样式雷图档已于2016年和2017年影印出版,分别按照圆明园三园顺序进行编排,每一景区内部图样分别为:总图;各部、各路总图;分建筑平面图、立面图;装修平面图、立样图;节庆点景、庭院陈设等图。其中圆明园四十景景点全部涉及,尤其九州清晏景区图样最多,达484件。长春园图档涉及景点包括长春园大宫门、澹怀堂、玉玲珑馆、茹园、大东门、七孔桥、含经堂、淳化斋、西水车坊、法慧寺、谐奇趣、黄花阵、海晏堂、远瀛观、线法山等。万春园原名绮春园,同治年间改称万春园。如果图样能明确认定为绮春园时期的图样,则所在景区归属绮春园;对于不能明确认定年代的图样,其所在景区归属万春园。万春园(绮春园)图档涉及景点包括万春园大宫门、中和堂、天地一家春、蔚藻堂、凤麟洲、正觉寺、庄严法界、展诗应律、春泽斋、生冬室、畅和堂、含晖楼、清夏堂等。

国图馆藏圆明园样式雷图档见表1。

表1 国家图书馆馆藏圆明园样式雷图档表

序号	名称	数量/件	序号	名称	数量/件
1	总图	25	6	坦坦荡荡	15
2	正大光明	30	7	杏花春馆	13
3	勤政亲贤	37	8	长春仙馆	44
4	洞天深处	54	9	山高水长	17
5	茹古涵今	13	10	藻园	4

续表

序号	名称	数量/件	序号	名称	数量/件
11	万方安和	6	29	紫碧山房	13
12	上下天光	17	30	北远山村	10
13	慈云普护	1	31	四宜书屋	5
14	坐石临流	27	32	若帆之阁	10
15	天然图画	1	33	天宇空明	6
16	澹泊宁静	1	34	方壶胜境	20
17	映水兰香	3	35	三潭印月	3
18	武陵春色	19	36	平湖秋月	1
19	月地云居	6	37	涵虚朗鉴	3
20	日天琳宇	10	38	别有洞天	7
21	濂溪乐处	20	39	接秀山房	18
22	文源阁	8	40	夹镜鸣琴	4
23	水木明瑟	2	41	曲院风荷	1
24	廓然大公	20	42	鱼跃鸢飞	1
25	多稼如云	1	43	九州清晏	484
26	西峰秀色	2	44	长春园	114
27	汇芳书院	8	45	绮春园	103
28	鸿慈永祜	27	46	万春园	120

（六）颐和园

颐和园被中外公认为当代保存最完整、建筑规模最大、"世界上最具综合性的皇家园林博物馆"。国图馆藏样式雷图档中颐和园图档包括清漪园、颐和园以及颐和园东宫门外、西宫门外的图档，总计686件，已于2018年6月影印出版。

颐和园图档按照从全园总图到景区分图、从万寿山到昆明湖、从万寿山前山到后山、从东宫门到西宫门、从园内到园外的顺序排列。同一景点按照建筑平面图、立面图，装修平面图、立样图的图样、文档的顺序排列。宫廷生活区位于东宫门内，该区域的图档涉及景点包括仁寿殿、玉澜堂、夕佳楼、宜芸馆、乐寿堂、永寿斋、扬仁风、德和园、寿膳房的图档。万寿山前山景区有云辉玉宇牌楼、排云殿建筑群、佛香阁、智慧海、转轮藏、宝云阁、介寿堂、清华轩、写秋轩、意迟云在、无尽意轩、养云轩、福荫轩、景福阁、益寿堂、云松巢、画中游、听鹂馆、贵寿无极等。西宫门内外景区的图档涉及景点包括西宫门、德兴殿、寄澜堂、西四所、石丈亭、清晏舫、延清赏等。万寿山后山及后溪河景区的图档涉及景点包括谐趣园、眺远斋、澹静堂、花承阁、味闲斋、清可轩、赅春园、构虚轩、绘芳堂、后山北船坞、城关、香岩宗印之阁、须弥灵境、北宫门等。昆明湖及东西堤景区的图档包括昆明湖总图、南湖岛总图以及凤凰墩、藻鉴堂、治镜阁、畅观堂、西堤、东堤、廊如亭等景点的图档。东宫门外景区的图档包括该景区总图以及群朝房、大他坦、升平署、堂档房、步军统领衙门、养花园、毓春园、电灯局、銮驾金辇库、御马圈等景点的图档。颐和园图档还包括颐和园至西直门、静明园等处的陆路图和水路图，最后一部分收录了各种船的图样。

三、坛庙

作为与传统礼治密切相关的祭祀建筑，北京坛庙的历史非常悠久。老北京民间有"九坛八庙"或"五坛八庙"的说法，指的就是明清以来北京坛庙建筑的概称。九坛包括天坛（内含祈谷坛）、地坛、日坛（又称朝日坛）、月坛（又称夕月坛）、先农坛（内含太岁坛）、社稷坛、先蚕坛（位于北海内）。八庙包括太庙、奉先殿（位于故宫内）、传心殿（位于故宫内）、寿皇殿、雍和宫、堂子（已无存，现址为贵宾楼）、历代帝王庙、孔庙（又称文庙）。这些都是明清皇帝、皇后进行各种祭祀活动的地方。

国图馆藏坛庙样式雷图档见表2。

表2 国家图书馆馆藏坛庙样式雷图档表

序号	坛庙名称	制作时间	数量/件	备注
1	天坛	同治、光绪年	6	
2	地坛	光绪年	2	
3	朝日坛	同治、光绪年	3	
4	月坛	光绪年	2	
5	先农坛	光绪年	6	
6	社稷坛	光绪年	3	
7	先蚕坛	同治年	3	数量已归入北海
8	太庙	同治、光绪年	24	图样包括地盘全图，值房样底、图式画样等，文档包括查工簿、五供等销算工料册

续表

序号	坛庙名称	制作时间	数量/件	备注
9	奉先殿	光绪年	3	地盘样和料估册
10	传心殿	不详	1	做法册
11	寿皇殿	不详	1	全景图
12	雍和宫	不详	7	地盘全图和料估册
13	历代帝王庙	光绪年	3	均为销算册
14	孔庙	光绪年	1	工程做法册

四、皇家陵寝

（一）关外三陵

关外三陵是指清太祖努尔哈赤的福陵，清太宗皇太极的昭陵，以及埋葬清朝远祖肇、兴、景、显四祖的永陵。在建筑风格上，关外三陵对入关后清朝各陵的修建有着深远的影响。国图馆藏关外三陵图档主要是涉及永陵的图档，共计27件。

（二）清东陵

清东陵位于河北省遵化市，是中国现存规模最宏大、体系最完整、布局最得体的帝王陵墓建筑群。清东陵于顺治十八年（1661年）开始修建，到光绪三十四年（1908年）慈禧皇太后的菩陀峪定东陵最后建成为止，营建活动延续了247年。东陵共有帝陵五座［孝陵（顺治）、景陵（康熙）、裕陵（乾隆）、定陵（咸丰）、惠陵（同治）］，后陵四座、妃园寝五座、公主陵一座，埋葬着5位皇帝、15位皇后、136位妃嫔、3位阿哥、2位公主，共161人。

关于清东陵的图档是所有样式雷图档中存量最多的，约计4 000件，尤其是定陵和惠陵图档最多。

（三）清西陵

清西陵位于河北省保定市易县梁各庄西。雍正初年，雍正皇帝将他的万年吉地确定在遵化境内的九凤朝阳山。雍正七年（1729年），雍正皇帝以那里"规模虽大而形局未全，穴中之土又带砂石"为借口而废之，复于河北省易县泰宁山下另辟兆域，营建泰陵。自此才有"东陵""西陵"之分。为了平衡东陵和西陵的关系，嘉庆元年（1796年）太上皇弘历曾谕令以后各帝陵按昭穆次序在东、西两陵分建。西陵有帝陵四座：泰陵（雍正）、昌陵（嘉庆）、慕陵（道光）、崇陵（光绪）；后陵三座：泰东陵、昌西陵、慕东陵；妃陵三座：泰妃陵、昌妃陵、崇妃陵。此外，还有怀王陵、公主陵、阿哥陵、王爷陵等一共14座。

国图馆藏清西陵样式雷图档见表3。

表3　国家图书馆馆藏清西陵样式雷图档表

序号	陵寝名	墓主人	营建时间	数量/件	备注
1	西陵全图	不详	不详	7	不同时期
2	泰陵	清世宗雍正帝及其皇后	始建于雍正八年（1730年）	5	泰陵全图、碑楼明缝大木样
3	泰东陵	乾隆皇帝母孝圣宪皇后（该陵位于泰陵之东，所以称泰东陵）	乾隆二年（1737年）—乾隆八年（1743年）	5	地盘画样、宝城地盘样、尺寸略节

续表

序号	陵寝名	墓主人	营建时间	数量/件	备注
4	昌陵	清嘉庆皇帝和孝淑睿皇后喜塔腊氏	嘉庆元年（1796年）—嘉庆八年（1803年）	13	地盘全图、地宫平立样、石像立样、尺寸略节
5	昌西陵	孝和睿皇后（嘉庆帝第二任皇后）	咸丰元年（1851年）—咸丰三年（1853年）	24	地势图、地盘画样、地宫地盘样和立样、石匠画样、尺寸略节
6	昌妃陵	嘉庆帝的恭顺皇贵妃等17个妃子	不详	2	地盘画样
7	慕陵	道光帝、孝穆成皇后钮祜禄氏、孝慎成皇后佟佳氏、孝全成皇后钮祜禄氏	道光十二年（1832年）—十六年（1836年）	70	地势图、地盘画样、地盘丈尺全图、地宫地盘样、立样、龙须沟尺寸样、立样、鼎炉立样、日晷立样、丈尺略节、做法清册
8	慕东陵	道光皇帝的孝静皇后（清宣宗孝静成皇后）和16位妃嫔	道光十一年（1831年）—道光十五年（1835年）	68	地盘画样、尺寸底、地盘立样、种树地盘样、地宫石券地盘样、立样、尺寸略节
9	同治帝拟遗址	不详	不详	25	九龙峪、大岫沟、凤凰台、丁家沟、莲花池、酸枣沟、龙凤山、洪崖山、栗树沟地势丈尺图和尺寸略节

续表

序号	陵寝名	墓主人	营建时间	数量/件	备注
10	崇陵	光绪皇帝和孝定景皇后叶赫那拉氏	宣统元年（1909年）—民国四年（1915年）	108	地势全图、丈尺全图、地盘样、分修样、出平图样、灰土立样、方城地盘样、地宫龙须沟尺寸样和立样、明楼地盘样、芦殿立样、朱砂碑立样、石五供图样、隆恩殿图样、龙凤门立样、龙凤石图样、龙凤碑立样、神厨库地盘样、望柱平样立样、五孔桥图样、牌楼门做法细册、望柱做法细册、崇陵做法简册
11	崇妃陵	光绪皇帝的瑾妃、珍妃	不详	29	地盘平样、地盘立样、分修图样、龙须沟图样、改建石券立样和平样、券桥便桥做法细册、改建石券收石料尺寸细底
12	各陵营房	泰陵、慕东陵、昌西陵、崇陵	不详	67	营房尺寸细底、地盘样、大木装修做法、工程做法册

五、王公府第

清代宗室的分封除了亲王、郡王两王爵外，还有贝勒、贝子、公等级别，一般均统称为"宗室王公"，他们的府第统称为王公府邸。宗室亲郡王在海淀一般还拥有赐园，而赐园也是王府建筑的主要组成部分之一。公主的加封和建府不在清代封爵体系与王府建筑制度的范围内，但是公主府第与赐园往往和宗室亲郡王的府邸与赐园有所重叠，鉴于这种特殊情况，相关建筑也包括在此部分内。

国图馆藏样式雷图档中涉及王公府第的图档有近600件，府主涉及40余位王公，尤其是恭亲王府和摄政王府的图档数量最多。恭亲王奕䜣是咸丰、同治、光绪三朝的重臣，是清末洋务运动的首领。恭亲王府位于北京西城区什刹海的柳荫街，是目前保存最完整、唯一作为清代王府向社会开放的历史景点。关于恭亲王府的样式雷图档有百余件，内容主要是奕䜣在咸丰元年（1851年）分府时府邸与赐园的图档，以及同治五年（1866年）修葺府邸北侧花园的图档。

现存关于王府的样式雷图档的年代基本都在道光朝之后，目前所存图档主要绘制于一处府邸更换主人之时。一是反映查收旧有府邸园寓的状况，一是反映添盖翻新给新主人居住的状况。图样和文档都表现得非常详尽，体现了现场勘察、呈报现状、方案设计、修改变更、核算工程量、出具施工说明、尺寸复核等各阶段的工作。

六、行宫

明清时的北京城水陆交通十分发达，城内外湖泊毗连、河道纵横，从紫禁城可以直接通航至西郊的昆明湖。为便于清朝皇帝、皇后乘船经长河去颐和园中途休憩，皇家在长河沿岸修建了多处码头和行宫，如乐善园行宫、紫竹院行宫、万寿寺行宫等。

（一）乐善园行宫

乐善园位于倚虹堂西二里许（约1千米），地邻长河岸，为龙船必经之地。乾隆之母孝圣皇太后长住畅春园，乾隆经常去问安，往返舟行于长河上。康亲王别业之乐善园恰值长河岸边，故乾隆十二年（1747年），皇家对颓废的乐善园进行了修葺，新建乐善园行宫。国图馆藏乐善园行宫样式雷图档包括乐善园地盘样、水道图等11件。

(二) 紫竹院行宫

明万历五年（1577年），慈圣皇太后出巨资，在广源闸西边兴建万寿寺，同时也在广源闸东、南长河南岸兴建庙宇，将其并入万寿寺，成为万寿寺下院，即紫竹院的前身。清乾隆年间，万寿寺下院得以大规模修整，成为皇家苑囿。其时，河滩上遍植芦苇，秋末冬初经霜后呈紫黑色，远望如一片紫竹林。相传观世音菩萨的道场在南海紫竹林，而万寿寺下院中正好供奉观世音菩萨，遂庙名被改为"紫竹禅院"，此为"紫竹院"得名之始。清光绪年间，"紫竹禅院"更名为"福荫紫竹道院"，光绪皇帝、慈禧太后由水路往返颐和园时多在此落脚小憩，遂成为"行宫"，官民习惯地称之为"紫竹院行宫"或"行宫院"。[7]国图馆藏紫竹院行宫样式雷图档包括紫竹院地盘全样和添修门罩码头图样等7件。

(三) 万寿寺行宫

万寿寺位于西直门外西北七华里（约3.5千米）处的苏州街东北侧，即明清时的长河广源闸西侧，是一处清幽、肃穆的皇家庙宇，也是一个集寺庙、行宫、园林于一体的佛教圣地。由于万寿寺地处水陆交通要道，是去颐和园的必经之地，乾隆年间皇家于此修建行宫和码头，供船舶停靠。每当春夏之交，帝王后妃从紫禁城乘船走水路到颐和园避暑消夏，均在此停泊上岸，礼佛进香，稍事休息。[8]清光绪二十年（1894年），慈禧太后重修万寿寺行宫，在西跨院增修了千佛阁和梳妆楼，形成现在的格局。万寿寺是清朝皇帝、皇后乘船经长河去颐和园中途休憩的皇家寺庙兼行宫，逐渐成为皇家祝寿庆典的特定场所。国图馆藏万寿寺行宫殿宇立样、行宫内檐装修单等10件。

（四）海光寺行宫

海光寺位于天津城南，始建于清康熙四十五年（1706年），原名普陀寺，康熙帝赐名海光寺。乾隆帝曾多次来此，并相继留有诗文，海光寺因此成为天津著名的佛门圣地。天津海光寺机器局是清末北方第一座兵工厂，它的设计任务应该是有样式雷家族参与的。从1866年奏请建设到1870年初具生产规模，其间的设计可能是由雷思起与雷廷昌父子完成的。所以，《海光寺行宫立样图》也是天津海光寺机器局平面图，是目前发现的样式雷图档中唯一近代工业建筑的案例，是样式雷家族设计的较早的西洋风格的建筑之一。[9]

清代皇室为了方便帝王出行（避暑、谒陵、巡视、围猎），在沿途兴建了大量行宫。行宫的分布大致可分为东、南、西、北四个方向。比如，为了去塞外避暑和木兰秋狝，在长城内外建立了北路行宫，为了谒陵祭祖驻跸的需要，去清东陵沿途兴建了燕郊等东路行宫，去清西陵沿途兴建了半壁店等西路行宫。

国图馆藏清帝行宫样式雷图档见表4。

表4　国家图书馆馆藏清帝行宫样式雷图档表

	名称	位置	建造年代	数量/件
北路行宫	密云行宫刘家庄（行宫）	密云县城的东门外	建于康熙二十二年（1683年），其建筑今已不存在	3
	罗家桥行宫	密云县城东北35里处	康熙五十年（1711年）左右建，乾隆八年（1743年）裁撤	1
	热河行宫	距喀喇河屯40里	康熙四十二年（1703年）建，康熙五十年（1711年）得名避暑山庄	约20

续表

	名称	位置	建造年代	数量/件
南路行宫	团河行宫	大兴黄村门内团河一带	始建于清乾隆三十七年（1772年）	约245
	天宁寺行宫	在扬州府拱宸门外	乾隆二十一年（1756年）于寺之右兴建行殿数室	1
东路行宫	燕郊行宫	属三河县，距通州交界46里	行宫建自康熙年间，乾隆二十年（1755年）移建于旧址迤南	3
	白涧行宫	蓟州城西10里，距燕郊行宫72里	建于乾隆十八年（1753年）	2
	桃花寺行宫	蓟州渔阳桃花山上，蓟州南2里。距白涧行宫53里	乾隆九年（1744年），奉敕重修桃花寺，于寺旁兴建行宫	3
	隆福寺行宫	蓟州东60里，距桃花寺行宫32里	乾隆九年（1744年）奉敕重修隆福寺，建行殿于寺之西，寺创于唐初	约30
	盘山行宫	属蓟州，在盘山下玉石庄东盘山南麓	乾隆九年（1744年）动工，十九年（1754年）竣工，赐名静寄山庄	4
	丫髻山行宫	属怀柔县。县治东南90里有丫髻山，山东4里建行宫一所	建于康熙晚年	约20
西路行宫	半壁店行宫	属房山县，在县治西南40里，距黄新庄行宫69里	建于乾隆十三年（1748年）	9
	台麓寺行宫	台麓寺旁建行宫	建于乾隆十六年（1751年）	1
	台怀镇行宫	灵鹫峰之麓，距菩萨顶3里	乾隆二十五年（1760年）改建	1

注：1里=500米。

七、万寿庆典

清朝自乾隆开始，每年皇太后、皇帝、皇后生日期间，按例上演万寿庆典戏。万寿庆典戏主要表演佛道等以某种形式向帝后祝寿之剧。在清朝，大型的万寿庆典戏演出一共有六次：乾隆五十五年（1790年）农历八月十三日乾隆八旬万寿；乾隆十六年（1751年）和乾隆三十六年（1771年）农历十一月二十五日崇庆皇太后（乾隆之母）六旬、八旬慈寿；嘉庆二十四年（1819年）农历十月六日嘉庆六旬万寿；光绪十年（1884年）和光绪二十年（1894年）十月十日慈禧太后五旬、六旬慈寿。[10]

慈禧六旬庆典，自颐和园到西华门的大道两旁，设有龙楼、经棚、戏台、牌楼、音乐楼等点景。点景共计60段：外城30段，自颐和园至西直门；内城27段，自西直门至西华门。总共需要搭建：龙棚18座，经棚48座，经坛16座，经楼4座，彩棚、灯棚、松棚15座，灯楼2座，戏台22座，点景罩子门2座，点景46座，彩牌楼110座，音乐楼67对，灯游廊120段，灯彩影壁17座等。工程规模庞大、项目繁杂，耗资极为惊人，按估算共需支银240万两。[11]

国图馆藏万寿庆典图档约200件，主要包括万寿典景图和庆典时所搭临时彩棚、彩牌坊、戏台、音乐楼等立样，搭建彩棚事宜略节、搭设彩殿简明做法略节等。

随着样式雷世家对建筑图档研究的逐步深入和系统，样式雷世家先后八代传人赓续参役清代皇家建筑工程。他们既是卓尔不凡的建筑师，同时也是相关装修陈设方面技艺精湛高超的设计师和承造者。内檐装修及家具陈设的设计和制作一向被认为是明清建筑艺术的重大成就之一。[12]国家图书馆收藏的样式雷图档中就有2 000余件涉及内檐装修及家具陈设的设计图,其内容丰富,涵盖了宫殿、园林、行宫、陵寝、坛底王府等众多领域。这些种类繁多、内容丰富的样式雷图档集中展现了样式雷非凡的创作才能和精湛技艺。对这些图档展开深入研究必将揭示中国传统建筑和硬木装修设计的奥秘。

参考文献

[1] 王其亨.中国古建筑测绘大系·园林建筑:北海[M].北京:中国建筑工业出版社,2015.

[2] 王其亨,徐丹,张凤梧.清代样式雷北海图档整理述略[J].天津大学学报(社会科学版),2016(6):481-486.

[3] 李睿,赵连稳.三山五园的起始 畅春园[J].北京观察,2018(6):76-80.

[4] 王宋文.畅春园兴废于何时[J].紫禁城,2002(3):26-32.

[5] 傅凡.香山静宜园文化价值评价[J].中国园林,2017(10):119-123.

[6] 杨菁,王其亨.解读光绪重修静明园工程——基于样式雷图档和历史照片的研究[J].中国园林,2012(11):117-120.

[7] 北京紫竹院公园管理处.北京紫竹院公园的历史及发展概况[J].世界竹藤通讯,2011(3):4.

[8] 戴承元,陈良学.京西万寿寺[J].寻根,2008(6):72-76.

[9] 季宏,徐苏斌,青木信夫.样式雷与天津近代工业建筑——以海光寺行宫及机器局为例[J].建筑学报,2011(S1):93-97.

[10] 梁宪华.清宫万寿庆典戏[J].中国典籍与文化,2015(1):134-138.

[11] 刘彤,鹏昊.慈禧六旬庆典点景[J].紫禁城,1983(3):31-32.

[12] 王其亨,何蓓洁.中国传统硬木装修设计制作的不朽哲匠——样式雷与楠木作[J].建筑师,2012(5):68-71.

作者简介

白鸿叶,女,国家图书馆舆图组组长,研究馆员。主要从事样式雷图档和古地图的采访、编目、展览、整理研究等工作。负责并完成国家图书馆收藏样式雷图档的全部编目工作。

近现代苏州丝绸档案整理研究

乐 苑

丝绸档案是在丝绸产品的设计、试样、生产、管理、交流等相关实践活动中形成的具有保存价值的与丝绸相关的原始记录[1]，具有原始记录性这一档案的根本属性。近现代苏州丝绸档案（The Archives of Suzhou Silk from Modern and Contemporary Times）是19世纪至今以苏州东吴丝织厂、苏州丝绸印花厂、苏州丝绸研究所等为代表的原苏州市区丝绸系统的企事业单位和组织在技术研究、生产管理、贸易和营销以及对外交流中形成的由文字记录、丝绸样本实物等多种形式组成的原始记录，包括设计图、规格单、采购订单、产品样品等。[2] 其档案内容为苏州市工商档案管理中心（简称"中心"）申报《世界记忆名录》时整理整合的包括苏州丝绸印花厂、苏州东吴丝织厂、苏州织锦厂等在内的丝绸档案内容，统计所得库藏丝绸档案总计29 592卷。[3] 其中，技术科研类档案10 901卷，营销贸易类档案310卷，产品类档案18 381卷，在这些丝绸档案中丝绸样本档案有302 841件。①

近现代苏州丝绸档案的整理依托于苏州市工商档案管理中心的档案整理工作，其整理实践以"工投模式""苏州模式"[4]下改制

---

① 数据源自苏州市工商档案管理中心提供的"近现代中国苏州丝绸档案"申报《世界记忆名录》申请书原件"3.2 Catalogue or registration details"部分的内容。

企业档案管理中的整理实践为基础,既有档案整理的共性内容,也有丝绸档案整理的突出特色。改制企业档案整理工作的顺利进行和圆满完成为近现代苏州丝绸档案的整理奠定了坚实的基础,对相关工作的开展以及研究的深入都功不可没。本文主要从丝绸档案整理的宏观规划、整理方法、整理流程三方面展开论述。

一、近现代苏州丝绸档案整理宏观规划

规章制度、工作原则、专业要求等共同构成了整理工作的宏观规划,体现了近现代苏州丝绸档案整理的理念,为整理工作的高效有序开展提供了正确的向导。

(一)近现代苏州丝绸档案整理制度

2018年1月24日,经广东省人民政府常务会议审议,国内首个对列入《世界记忆名录》的档案遗产进行保护管理的政府规章《广东省侨批档案保护管理办法》①以广东省人民政府令正式颁布,自2018年3月1日起施行。[5]这一规章对侨批档案的整理工作提出了规范化的要求。对于侨批档案及其他进入《世界记忆名录》的珍贵历史档案而言,用制度对以整理为基础的档案管理工作加以规范至关重要,近现代苏州丝绸档案的整理工作也不例外。

目前对于丝绸档案的整理没有明确成文的制度规范约束,也尚无与近现代苏州丝绸档案整理直接相关的正规的制度规范内容,但在实际整理工作中存在可作为相关整理工作参照依据的较为宏观的

---

① 2017年12月8日广东省人民政府第十二届121次常务会议通过,2018年1月24日予以公布,自2018年3月1日起施行。

制度和规范。其中，苏州市档案局（馆）① 在集中统一管理原则下遵照《江苏省〈归档文件整理规则〉实施细则》等相关制度规范，制定了《全宗卷规范》②《全宗指南编制规范》③《照片档案管理规范》④《苏州市档案数字化操作规程》⑤ 等更有针对性、更加详细的整理制度规范，这些规范对近现代苏州丝绸档案整理工作具有参照或参考借鉴意义。苏州市工商档案管理中心作为江苏省内首家通过ISO 质量管理体系认证的档案管理部门，以 ISO 9001 质量管理体系这一质量保证和质量管理的国际标准为基础，由专人编制、审核、批准，依据实际档案工作内容编写了《档案征集工作规范》⑥《档案整理工作规范》⑦《档案数字化工作规范》⑧ 等。这些规范具有很强针对性和实用性，尤其是《档案整理工作规范》与近现代苏州丝绸档案整理工作密切相关，其对特殊载体档案的整理规范要求和对档案保管期限的划定以及对案卷编号、编目及案卷标签的分类粘贴的规范要求均在近现代苏州丝绸档案的整理工作中有所应用，对于丝绸档案整理的规范化、体系化裨益良多。

---

① 机构改革（2019 年年初）前单位名称。
② 苏州档案网"业务指导"栏目下 2016 年 8 月 9 日发布，以 2012 年国家档案局发布 DA/T 12—2012 版《全宗卷规范》为依据制定。
③ 苏州档案网"业务指导"栏目下 2016 年 8 月 9 日发布，以 2012 年国家档案局发布 DA/T 14—2012 版《全宗指南编制规范》为依据制定。
④ 苏州档案网"业务指导"栏目下 2008 年 11 月 24 日发布。
⑤ 苏州档案网"业务指导"栏目下 2018 年 6 月 25 日发布，苏州市档案局 2018 年 6 月 4 日印发。
⑥ 苏州市工商档案管理中心 ISO 9001 质量管理体系文件，内部发行，2018 年 1 月 28 日生效。
⑦ 苏州市工商档案管理中心 ISO 9001 质量管理体系文件，内部发行，2018 年 1 月 28 日生效。
⑧ 苏州市工商档案管理中心 ISO 9001 质量管理体系文件，内部发行，2018 年 1 月 28 日生效。

（二）近现代苏州丝绸档案整理原则

在履行"为党管档、为国守史、为民服务"神圣职责的同时，苏州市工商档案管理中心工作人员始终铭记我国档案工作统一领导、分级管理的基本原则，应对实际工作缕析、总结出一些档案整理方面的工作原则。近现代苏州丝绸档案的整理基本遵循改制企业档案整理工作的六大原则，即安全性原则——保证改制企业档案的实体安全和信息安全；合法性原则——严格贯彻执行国家《档案法》《国有企业资产与产权变动档案处置暂行办法》等有关档案工作的法律法规，依法治档；合理性原则——依据实际，确保改制企业档案流向的合理性，明确处置、接收、寄存的一系列流程，使破产企业档案得到合理处置；连续性原则——保持改制企业经营管理的连续性；利益最大化原则——在维护国家和广大人民群众利益的同时，最大限度地发挥改制企业档案资源的价值；维护国家安全和社会利益原则——改制企业档案的处置应保卫中华人民共和国人民民主专政的政权和社会主义制度，保障改革开放和社会主义现代化建设的顺利进行。建立健全改制企业档案处置工作的相关制度、协调机制、应急保障体系，这是改制企业档案处置的根本原则。[6]

近现代苏州丝绸档案的整理工作不仅有宏观抽象的理论原则，也有实际工作的内化原则与实践依据。其具体内容可概括为遵循纵向的时间脉络，并且着重把握横向以改制企事业单位及其行业等为分类原则的全宗群、全宗、案卷等的设置方法。① 此外，开拓创新、注重人才也是近现代苏州丝绸档案整理和苏州市工商档案管

---

① 据2018年7月26日上午时任苏州市档案局（馆）副局（馆）长、苏州市工商档案管理中心主任的卜鉴民同志在苏州市工商档案管理中心办公室接受访谈时的原话整理所得。

理中心实际工作中的重要原则，苏州市档案馆副馆长、苏州市工商档案管理中心主任卜鉴民同志认为中心工作的核心理念可以归结为创新和人才两点。工作原则的确定为档案整理实践提供了导向和指引。

（三）近现代苏州丝绸档案整理专业要求

近现代苏州丝绸档案因其内容和形式的特殊性，对相关的整理工作提出了更高的专业要求。苏州市工商档案管理中心在日常档案工作中十分重视工作人员的专业性。除任用专业人才外，中心定期开展档案相关岗位专业培训，并开设"兰台讲堂"，主要邀请档案方面的专家学者、档案实践工作优秀模范人物等以讲座形式讲授相关专业知识。苏州市工商档案管理中心内部工作人员也自觉主动地实时了解和掌握丝绸档案整理相关专业知识与创新技术，提高自身专业素养，为满足近现代苏州丝绸档案整理的专业要求添砖加瓦。此外，为满足专业要求，苏州市工商档案管理中心还借助商大民、刘立人、钱小萍等丝绸专家以及专业摄影师、数字化公司专业团队等的专业协助，尽可能保证相关工作的专业性。为更好地保存近现代苏州丝绸档案，中心借鉴丹麦安徒生博物馆的安徒生手稿保管经验，对数字化后的丝绸档案实体分件以牛皮纸袋加封，进一步改良了丝绸档案的整理工作。

二、近现代苏州丝绸档案整理方法

苏州市工商档案管理中心对近现代苏州丝绸档案的抢救与整理使得单一企业的碎片化丝绸记忆汇聚成展现苏州地区丝绸文化演变

历程的整体记忆。该档案以其独特的历史文化价值入选《世界记忆名录》，印证了"越是民族的，越是世界的"这一至理名言。[7] 近现代苏州丝绸档案的整理方法的显著特色主要体现在具体案卷的分类、目录的编订之中。

（一）近现代苏州丝绸档案的分类

近现代苏州丝绸档案的分类与改制企业档案的分类密切相关，其具体分类方法体现在全宗群、全宗、全宗内档案的分类三个方面。苏州市工商档案管理中心对改制企业档案进行整理后，主要以行业和大型集团单位大类区分纺织、丝绸、轻工等全宗群，另有中心接受捐赠和民营企业2个全宗群，共23个全宗群。近现代苏州丝绸档案的内容分散在纺织、丝绸、工艺及中心接受捐赠4个全宗内。近现代苏州丝绸档案整理中的全宗划分，充分保留了档案进馆时的原始面貌，基本保留各单位档案原始整理顺序，按照具体单位名称予以分类并确定全宗。近现代苏州丝绸档案来源于以苏州东吴丝织厂、苏州丝绸印花厂、苏州丝绸研究所等为代表的41家苏州市区丝绸系统的企事业单位，目前的全宗划分即以这些单位为全宗展开。需要说明的是，丝绸行业的全宗并非均涉及近现代苏州丝绸档案的内容。

近现代苏州丝绸档案涉及诸多全宗，多数从属于相关企事业单位的档案全宗，少数属于中心接受捐赠的档案全宗。因而，其内在的具体分类方法存在些许差别。从属于相关企事业单位档案全宗的近现代苏州丝绸档案按照档案内容分为文书档案、会计档案、人事档案、科技档案和特殊载体档案。在实物档案管理中，苏州市工商档案管理中心收集和接受捐赠的档案有较为集中的整理和入库，与原有的库藏档案在整理方面并不同步，其分类方法也略微有些不同。档案管理数据库的目录中有文书和会计档案、丝绸样本档案、科技档案、特殊载体档案四大二级类目，苏州市工商档案管理中心收集和接受捐赠的档案内容根据具体情况分属于这四大二级类目，分别设置对应的案卷目录和卷内目录。案卷目录下再以来源单位全宗为标准进行划分，以全宗号为标识并附有单位全宗对应表。具体案卷目录中全部档案内容的分类与实体档案分类的方法一致。值得一提的是，伴随着丝绸档案全文数字化工作的逐步开展，数据库中的近现代苏州丝绸档案新增"像锦"类目，这是按照丝绸的种类展开划分后的结果。由此可见，在对近现代苏州丝绸档案进行整理的过程中，中心在尽可能保留实体档案整理面貌的同时，开始在数据库中尝试多元化整理方法。正如加拿大著名档案学家特里·库克对"后保管模式"的设想所言："从文件实体的整理、编目和保管转向了解信息系统和形成者的相关文献之间的有机联系。"[8]近现代苏州丝绸档案的整理工作正逐步向着以不再利用档案的实体排列顺序，而仅仅使用一套符号来记录和揭示档案历史联系的技术[9]——虚拟整理来展现档案的多维历史联系发展，以实际行动开始探索档案整理技术从实体整理向虚拟整理的偏移[10]，为档案整理技术和方法在信息社会中的变革与发展推波助澜。

（二）近现代苏州丝绸档案的目录编订

近现代苏州丝绸档案案卷目录、卷内目录的编写是体现丝绸档案特色的重要环节，为档案保管工作提供了方便，也对后续的检索利用工作意义重大。中心在对近现代苏州丝绸档案进行目录定名时对原有目录内容原则上予以保留，并对原定名工作或目录项目欠缺的档案依照实际情况加以确定或补充编写。近现代苏州丝绸档案目录编制工作中涉及的项目有原题名与责任者项、密级与保管期限项、排检与编号项、附注与提要项、时间项5项内容，并在具体实践中进一步予以细化。其中，样本档案题名的目录定名在保有原形成单位著录内容的基础上有其与众不同之处，体现了丝绸档案整理工作的特色。

近现代苏州丝绸档案中样本档案题名的编制内容包括丝绸样本的来源、事由、品种大类、品名、品号、花号、花名、花色号、颜色、尺寸、去向、数量、工艺特点等。来源包括作为生产单位的苏州市内企事业单位、贸易往来和科研交流等活动中涉及的国内其他地区和国外的有关单位、丝绸行业大咖及收藏爱好者等个人以及丝绸领域相关核心期刊和汇编等。事由包括历年中国进出口商品交易会（简称广交会，每年春、秋两季在广州举办）以及丝绸新品种、新花色会议等商业或丝绸专业会议，其他地区、国家订货订单及商贸活动等。品种大类包括纺、绉、缎、纱、绫、罗、绸、绒、锦、绡、呢、绨、葛、绢14大类。品名为14个丝绸大类与双绉、乔其、塔夫、顺纡、罗纹、双宫、闪光、凹凸、亮光、拉绒、立绒、和服等按绸面表现划分的38个小类名称按照一定规律组合而成的丝绸品种的具体名称。① 近现代苏州丝绸档案中科技档案的目录定名项目包括丝绸品号、编号、用途、来源等内容，著录内容类目较丝绸样本档案略少，其中也涉

---

① 1965年纺织工业部制定了《丝织品分类定名及编号》，对丝织品的名称和编号进行统一与规范化；2009年中华人民共和国国家标准《丝绸（机织物）的分类、命名及编号》（GB/T 22860—2009）发布；此处内容为查阅苏州市工商档案管理中心馆藏丝绸档案目录并与上述标准进行对照，同时参考对苏州市工商档案管理中心原主任卜鉴民同志、副主任吴芳同志、丝绸专家商大民同志的访谈内容整理所得。

及部分与生产管理工作密切相关的丝绸样本档案内容，多为新产品的开发和研究成果及用于科研活动的实验样本。丝绸档案中的中心收集和接受捐赠的档案内容的目录定名情况与上述对应类目的档案目录定名方法基本一致。

（三）近现代苏州丝绸档案的指南编写

作为档案利用时的重要工具，指南不仅概括了馆、库、室藏档案的整体面貌和整体格局，也为档案工作人员开展各项相关工作奠定了基础。苏州市工商档案管理中心的档案指南的编写工作根据档案形成的行业大类分别进行，成果可观。近现代苏州丝绸档案主要涉及《苏州市工商档案管理中心全宗指南·丝绸卷》《苏州市工商档案管理中心全宗指南·纺织卷》《苏州市工商档案管理中心全宗指南·工艺卷》。三卷近现代苏州丝绸档案相关指南的内容简要概括了相关丝绸档案的大致情况，对查找、利用以及了解和研究近现代苏州丝绸档案具有先导作用和重要的知识普及价值。

三、近现代苏州丝绸档案整理流程

近现代苏州丝绸档案的具体整理流程是整理实践的重要体现，其实践内容涉及原有库藏档案的整理流程、新收集进馆档案的整理流程和数字化后档案的整理流程三个方面。

（一）原有库藏近现代苏州丝绸档案整理流程

苏州市工商档案管理中心对改制企业档案实行集中统一管理，

遵照改制企业档案管理的原则和方法，明确处置、接收、寄存系列流程。改制企业档案整理之初，中心的工作人员在400多名[①]改制企事业单位留守人员的协助下将档案进行大体分类，明确文书和会计档案、科技档案等档案类别以及永久、长期、短期的保管期限，之后按照年、月时间进行装订，即组件。改制企业档案由于进馆时已在原形成单位或保管单位装订完好，所以在苏州市工商档案管理中心经历的装订主要是为了便于档案的管理和利用，对封面、装订方法等进行统一，对原先遭受损坏的封皮、档案盒等进行更换。初步整理组件完成后的档案需要进行卷内目录的编写、案卷名称的编写和拟定以及编号和贴标签的工作。当时，相关工作主要由熟悉丝绸档案具体情况的原丝绸企事业单位留守人员和苏州丝绸研究所的专业人员合作进行。

（二）新收集进馆的近现代苏州丝绸档案整理流程

新收集进馆的近现代苏州丝绸档案的整理流程较之原有库藏档案基于改制企业的抢救性整理流程而言更加细致，针对性更强。在明确整理流程时将档案划分为文书档案、照片档案、书籍、宣传册等各类成册类载体、丝绸产品、大型物件、名人题词和书画（没有装裱、装盒的物品）、重复件七种类型，分别进行整理。其中，丝绸产品的整理是近现代苏州丝绸档案整理不可或缺的重要内容，分为丝绸样本和裁片等、丝织品、丝织工具、丝绸产品画稿、丝绸原料五个方面的整理。结合实践中对具体工作流程的了解，笔者以为，丝绸样本、裁片等也属于丝织品范畴，且其整理流程相类，可

---

① 数据来自2018年7月26日上午丝绸专家商大民在苏州市工商档案管理中心编研科办公室接受访谈时的原话"我一直说有400多个留守人员啊"。

统一归于丝织品的整理。新收集进馆丝绸档案整理流程原则上与传统档案整理的大体流程相类，但各方面档案内容的整理流程有所区别。

例如，丝绸样本、裁片等的整理大致有五个步骤，如图1所示。

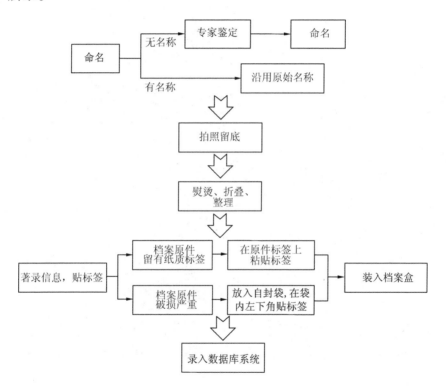

图1 近现代苏州丝绸档案中丝绸样本、裁片整理流程图

丝织工具的整理流程须经过五个步骤，如图2所示。

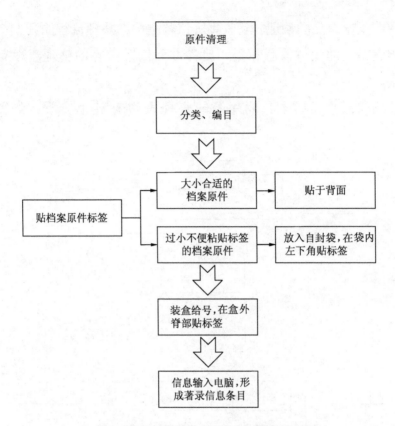

图 2　近现代苏州丝绸档案中丝织工具整理流程图

丝绸原料的整理是对蚕茧、色卡、丝线、半成品、原料等非丝绸面料样本开展的整理,以"件"为单位,整理流程如图 3 所示。

入选名录的文献遗产

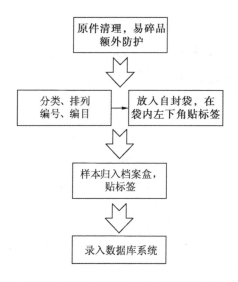

图3 近现代苏州丝绸档案中丝绸原料整理流程图

（三）数字化过程近现代苏州丝绸档案整理流程

近现代苏州丝绸档案的数字化包括目录信息的数字化和档案内容的数字化两个方面。以单位为全宗的档案文件入馆之初已有部分目录内容以数字化形式提交进馆，加之苏州市工商档案管理中心在改制企业档案的抢救性整理中也曾开展档案目录信息的数字化工作，所以目前的近现代苏州丝绸档案案卷目录的数字化已全部完成，现有的数字化工作主要为档案内容的数字化及同步的卷内目录的数字化。近现代苏州丝绸档案的数字化涉及文书档案、科技档案、丝绸样本档案和照片档案各种类型，各类档案的数字化工作流程大致相仿。其中，档案整理的内容主要体现在数字化后实体档案的整理和数据的整理两个方面。数字化前处理环节的整理大致需要三个步骤，如图4所示。数字化后实体档案的整理基本与原有出库档案的整理方法和流程一致，只是会对原先无包装整理的丝绸样本档案以塑料纸进行包装，然后用特制的硬质牛皮纸袋进行封装，并在纸袋外附以标签及相关对应信息。这一举措对原先的档案整理工作起到了查漏补缺的作用。

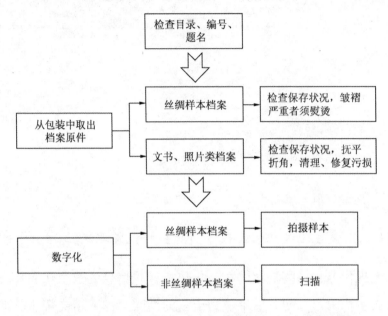

图4　数字化前处理环节近现代苏州丝绸档案整理流程图

作为数字化工作的重要内容，数字化后档案数据的整理也是近现代苏州丝绸档案在数字化后整理流程的主要体现。数字化后档案数据的整理目标是实现数字化后档案数据与库藏档案实体的一一对应。在数字化过程中，由于数字化设备、应用软件的差别，需要人工整理来做到题名、目录的对应比配，其整理流程主要有五个环节，如图5所示。

入选名录的文献遗产

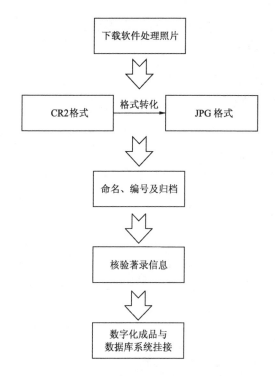

图5 数字化后的近现代苏州丝绸档案数据整理流程图

"近现代中国苏州丝绸档案"作为已成功入选《世界记忆名录》的珍贵历史档案，其档案属性和历史价值已获认可。伴随着世界范围内对珍贵历史档案保护和管理的日渐重视，苏州市工商档案管理中心已建立文献遗产保护监管科，以国内和国际合作的形式为近现代苏州丝绸档案及其他珍贵历史档案的保护和管理提供助力。有鉴于此，近现代苏州丝绸档案本身的保护和管理亟待进一步完善，而作为档案管理基础内容的整理工作仍然存在的相关规章制度不健全、缺乏体系化的管理和指导、整理流程涉及丝绸样本实物的熨烫、丝绸样本实物题名的编制和录入不够规范等问题也必须得到妥善解决。作为入选《世界记忆名录》的珍贵档案文献，其整理体系的健全对其他珍贵历史档案的整理都将起到参考、借鉴作用,对于围绕丝绸展开的国内优秀历史文化的传承和发展以及"一带一路"倡议下大国形象的丰满也将有所促进。近现代苏州丝绸档案整理的发展和完善依旧任重而道远,笔者期待丝绸、档案等专业领域的工作者共同合作,勠力同心,众志成城,携手为海内外珍贵历史档案的保护和管理添砖加瓦。

参考文献

[1] 陈鑫,卜鉴民,方玉群.柔软的力量——苏州市工商档案管理中心抢救与保护丝绸档案纪实[J].中国档案,2014(7):29-31.

[2] 肖芃,栾清照,陈鑫,等.近现代苏州丝绸样本档案[J].中国档案,2016(6):30-31.

[3] 吴芳,吴飞,卜鉴民.世界记忆工程背景下的苏州丝绸档案[J].档案与建设,2017(9):73-75.

[4] 卜鉴民.从"工投模式"到"苏州模式"的现实意义——对苏州市建立改制企业档案资源管理中心的再思考[J].档案学研究,2008(4):38-41.

[5] 钱淑仪.保护列入《世界记忆名录》档案的立法实践——《广东省侨批档案保护管理办法》解读[J].中国档案,2018(6):22-23.

[6] 卜鉴民,等.改制企业档案管理实践与创新[M].苏州:苏州大学出版社,2017.

[7] 谭必勇.社会记忆构建与地方特色档案资源整合与传播——以"近现代中国苏州丝绸档案"为例的考察[J].兰台世界,2018(6):13-17.

[8] 特里·库克.1898年荷兰手册出版以来档案理论与实践的

相互影响[C]//国家档案局,中央档案馆.第十三届国际档案大会文件报告集.北京:中国档案出版社,1997:143-176.

[9] 刘新安,朱瑞良,刘巍.虚拟整理技术的理论意义[J].北京档案,1998(10):23-25.

[10] 崔杰.现代档案整理技术的发展趋势——从实体向虚拟整理的偏移[J].档案学通讯,2006(3):30-32.

作者简介

乐苑,女,辽宁大学历史学院2016级档案学硕士研究生,主要研究方向为档案信息资源开发与利用。2018年至2019年在苏州市工商档案管理中心实习并研究近现代苏州丝绸档案整理的相关内容。

附　录

The Future of the Memory of the World Program and the Role of the Korea Memory of the World-Knowledge Center

Sang-Ho Lee

1. Preface

As everyone is well aware, recently the UNESCO Memory of the World Program is experiencing an important transition. Despite the MoW Program being the core heritage made by the human culture, it has the purpose of preserving and using the documentary heritage that has very high risk of being damaged or lost. It is not excessive to state that the high-level culture and science and technology that the human race is constructing are based on the documentary heritage that the human race has thus far accumulated. It is because the documentary heritage makes the individual memory into common memory and through the preservation of such documentary heritage, the memory of one generation becomes the memory of the entire human race. Therefore, preserving the documentary heritage is as important as documenting them and striving to remember the common memories of the human race through such process is very important.

The program that UNESCO started to devise an effective preservation method and write lists of documentary heritage to be remembered by the human race is called the MoW Program. After the discussions to register documentary heritage began in 1992, registration was pursued from 1997. The UNESCO Memory of the World Program, as can be seen from the name "MoW: Memory of the World", deeply values the preservation of documentary heritage that include events, people, cultural customs and practicality that the human race must remember. For such reasons, the UNESCO MoW Program has selected as the most important method to preserve the "enhancement of accessibility" and seeks to share together the important documentary heritage that the human race must remember and make common preservation efforts through such choice.

However, unlike the expectations and purpose when the MoW Program began, there are arising international conflicts based on some documentary heritage. Of course, this is the result of not merely differences in historical perception, but due to the greed of trying to create today without self-reflection about the past and glorifying the country's history. Yet, in the geography of international politics, the MoW Program is being requested with a new system and there is high possibility the program may newly change due to such requests. In particular, the modern documentary heritage that have difference in political interpretation will have difficulties in being registered as a future documentary heritage and in this process, there is predicted a possibility of a system being made where the diplomacy of some countries may intervene from the existing registration system focusing on purely specialists.

This publication was written based on such current situation. It is because it is time to predict what will happen to the MoW Program that tried to succeed and develop the "common memory of the human race" through the preservation of documentary heritage and discuss methods to revive the original intentions of the MoW Program. In order to do this, this discussion must predict the change of the MoW Program that is currently focused on UNESCO and share the MoW-KC that can revive the original intentions of the MoW Program. In particular, by sharing the intentions and activities of KMoW-KC at a time where documentary heritage centers are starting to be established by country, it seeks to discuss how to create the future values of the MoW-KC and the original intentions of the MoW Program.

2. The Change of the MoW Program and the Need for the MoW-KC

As of 2019, it is the first time that MoW registration has been halted in 20 years. It is due to Japan continually calling into question the application by China in 2015 of the Nanjing Massacre Documentary

Heritage and Sex Slaves Documentary Heritage, assessing this as a diplomatic issue. Japan started by preventing this registration and striving to prevent such problems occurring again in the future. After blocking China's 2015 application of the Sex Slaves Documentary Heritage, Japan blocked the registration of Sex Slaves Documentary Heritage that was jointly applied for registration in 2017 by 8 countries and which was even recommended for registration by the IAC. Simultaneously, they have consistently requested the new arrangement of the MoW registration process. UNESCO, which was experiencing burden due to issues such as the issue of contributions, eventually accepted such request and entered the process of such arrangement. Due to such events, the 2019 MoW registration has been halted, unable to even receive application for registration.

UNESCO and IAC launched a working group to make a new process and they plan to make a final decision on the draft at around October 2019 after around 2 years of activity. At present, a draft for a new process is being made to some extent and reviewing the contents gradually emerging, it seems that the requests of Japan would be substantially reflected. Putting together all the known contents thus far, one needs to decide how to organize the registration process regarding documentary heritage that have different interests between countries and the draft regarding such issue seems to be somewhat being confirmed.

Assuming such contents, we can also assume in what direction the MoW Program will develop in the future. First, it seems that for future MoW, the consultation between the parties concerned will be prioritized regarding documentary heritage that may have differences in understandings or may be contested and then the registration process will be pursued. In other words, UNESCO will not assess the documentary heritage with different understandings between countries and will induce so that registration will occur through consultation between the countries concerned. For this, the mediator system is also thought to have been discussed and it is highly possible that such processes would be included in the registration process.

Currently, MoW assesses the registration through the IAC, a consultative body with specialty, and if the IAC recommends, UNESCO accepts the recommendation and registers if there aren't any particular problems. However, from now on, on top of the evaluation through IAC and recommendation regarding the registration, there will be included a process of final decision by representatives of each country. In the case of the present registration of World Heritage, although the recommendation is from the specialist consultative body ICOMOS, the decision is made by representatives from each country that are formed by diplomats. Of course, such process is conducted as the World Heritage project is "an agreed project between countries" and Japan has constantly asserted its stance that the MoW Program must include such a process too. In this case, MoW will also be highly possible to be implemented as an agreed project between countries.

Seen from such perspective, regarding documentary heritage where the understandings between the countries conflict or the interpretation is different, ultimately the registration as MoW will be difficult until agreement is reached between the countries. In particular, it will be difficult for registration in the case of documentary heritage that concerns different understanding between a country having a history of colonization and the other that had been colonized, like Japan and Republic of Korea. This is the same for the issue of aggression or for documentary heritage that has different understanding among countries. Especially, even in the case of such documentary heritage, most were registered thanks to the advisory body IAC's registration recommendation that guaranteed specialty, yet by installing another final decision making body that is focused on representatives from each country, it is highly possible that a political role of being able to block registration regarding documentary heritage that goes against the country's profits would be added.

It is inevitable that the change of the MoW registration process would have different intentions to the existing MoW Program. Especially by registering documentary heritage that has documented a bad history, it is highly possible that efforts to prevent the reoccurrence of a wrong history would be affected. Hindering the registration as UNESCO MoW the documentary heritage of mobilizing women as sex slaves in the miserable situation of war, it is inevitable that the efforts in the future to prevent such events even in war would be halted. If seen in the perspective that even it is wrong, it is an important memory to be remembered by the human race, like the phrase "shameful history is history too", the future of the MoW Program will most definitely be influenced in a certain way.

In this process, it has become a situation where one cannot ignore a certain extent of political influence during the "registration process" and the possibility of an important documentary heritage that the human race must remember not being registered in the future due to the political logic between the countries must also be presumed. In this situation, the MoW-KC program that the IAC has been pursuing has a very important significance. Although it does not have great effects, it is a new program that began after its resolution in 2015, it can be assumed that it will have great meaning when it is developed.

MoW-KC is to move the center of the MoW Program from "registration" to "application". As is well known, after its first registration in 1997, there are currently 429 registered as MoW. However, after the MoW Program began, most countries only strived to register as MoW and did not make too many efforts in terms of the purposes of the MoW Program: "preservation of MoW", "increase in universal accessibility of MoW" and "increase in global perception regarding the existence and importance of MoW". However, the efforts to increase perception in the importance of MoW and increasing universal accessibility, which are the original purposes of the MoW Program, could not be simply formed by "registration", but also needed a new program. MoW-KC was installed precisely due to such requirements.

Due to such requirements, the MoW-KC program became a project with the purpose of "activity" of "promoting the importance of MoW" and "increase in accessibility" rather than registration. Therefore, MoW-KC is recommending the Data Base construction and long-term operation to increase accessibility and to collect data. Moreover, it devises cooperative projects with MoW related institutions and collects excellent cases as well as setting an important project scope the projects that can expand this to research and education. In addition, it provides the basis to make synergy effect with World Heritage and Intangible Cultural Heritage programs and is setting its direction so that it can play the role of spreading excellent cases worldwide. And also in the case of MoW-KC of each country, it is conducting projects recommended from above, focusing on the documentary heritage that the country possesses, and it has become necessary to conduct projects to increase perception regarding the importance of accessibility and documents regarding documentary heritage through this.

Thanks to such requirements, the discussions regarding MoW-KC started with the "MoW-KC Establishment Proposal" being submitted to the UNESCO headquarters during the 11th IAC General Meeting held in 2013 in Gwangju, Republic of Korea. Of course, its requirement had been discussed before, but it was from here that the establishment process started. On such foundation, it became formal after adopting the "MoW-KC 3 Stage Establishment (International/Regional/Country) Proposal" written in the "Education and Research Subcommittee 2013—2015 Project Report" during the IAC 12th General Meeting held in 2015 in Abu Dhabi, UAE. Furthermore, the installation could begin with the UNESCO Secretariat and Secretary General approving the proposal as a UNESCO action plan (UNESCO Executive Board, 191th Session, Temporary Agenda, Article 11, Part 1, Clause 2).

Of the 3 stages, the international part was taken charge by the IAC Education and Research Subcommittee and the regional part has not been established yet. Currently, MoW-KC by country is being established with Macao and Beijing (China) being established and on the 1st June, 2018, the MoW-KC by country was established in Republic of Korea too. Subsequently, with Fuzhou and Suzhou of China each opening one in 2018, there are currently a total of 5 MoW-KC that have started its activity.

3. The Korean Studies Institute and KMoW-KC

The question that was most asked about the KMoW-KC was "Why was the Korean Studies Institute Choosen?" This question was the foremost part that the institute had to think about from within when it was first asked about its intention regarding the installation. In this aspect, responding to the question of "Why did the Korean Studies Institute agree to the installation of the KMoW-KC?", we believe that we must define in detail its role and management method based on this.

The Korean Studies Institute was established with the basic purpose of collecting and preserving the privately owned documentary heritage that was in danger of damage and loss. It was during the construction of the Andong Dam in 1970 that a direct policy level demand was made in the establishment process of the Korean Studies Institute. During the construction process of the Andong Dam, a large scale and very important traditional village that was preserved even better than the UNESCO World Heritage Andong Hahoe Village, was buried under the sea. During this process, only the designated cultural heritage was hastily moved and the documents that were maintained as the cultural fruits of the village were mostly buried at sea. Afterwards, the agricultural economy rapidly collapsed and the situation of the management of head houses, Seowon and Hyanggyo that were preserved as important documentary heritage among the people became difficult. The installation of an institution to collect and preserve important documentary heritage was in urgent need.

As many of us know well, the current management system of the Korean Cultural Heritage is in the method of designation and the relics that are designated and managed by the country (or the local government) is preserved using resources and personnel from the designated place. However, when this is not the case, the subject of the management can only be the individual. However, after the 1970s and the 1980s, the agricultural economy collapsed and the subject of the management rapidly dissolved. It meant a crisis of damage or loss of documentary heritage that was not designated and was preserved by the people. In particular, unlike other cultural heritage, despite its very high cultural value, there are many documentary heritage that have not been revealed and the possibility of damage and loss is also higher compared to other cultural heritage. This is why the Korean Studies Institute was established with the core task of "collecting and preserving privately owned documentary heritage that was at risk of damage or loss" and until today, the most important task of the Korean Studies Institute is to pass on its value to the future generations by preserving privately owned documentary heritage.

Having started the data collection and preservation task with the donation of 3 types and 257 Confucian Printing Woodblocks and 8 signboards at Neungseong Gu Clan Baekdam Family on December 2001, after around 17 years, it now possesses around 540,000 documentary heritage as of August 2019. This figure is assumed to be the biggest in quantity of the present domestic institutions that own cultural and heritage data. It is as a result of loyally conducting the social need and policy level demand of collecting and preserving cultural and heritage data that is at risk of loss and damage. However, although the primary area of the task of collecting and preserving data that is at risk of loss and damage is preserving the data in the storage, the more important part is that these data must still be useful and applicable in the modern time. It has started from the perception that if it has value and meaning even in terms of the modern perspective, the need for preservation will also augment. Moreover, this part is connected to diverse projects that befit the purpose of the establishment of the Korean Studies Institute.

In order to further expand the basic function of collecting and preserving documentary heritage, it has become important to find together such value and share. To do this, exhibitions have become an important part from the beginning of its opening. Initially, the exhibition room was mainly managed with the purpose of increasing the awareness of the cultural heritage and sharing with the public precious data. Yet this was converted and a specialist museum was established with the theme of Confucianism. To add, the part that was emphasized to shed light on the values of the documentary heritage, verifying through the perspectives of the specialists and sharing with the modern people was the research project. The diverse academic competitions, research, research support and research based creation centering on privately owned documentary heritage is an important motivation to develop the current Korean Studies Institute into a representative research institution.

In particular, the project that was most importantly selected for the purpose of increasing the accessibility of privately owned documentary heritage and sharing its value was computerization. The computerization operation that is proceeded with the project name of Data Base construction and archive construction is taking center stage as the only method of simultaneously preserving and applying paper type data, which has the highest possibility of damage and loss. The thought that even if the paper type data is lost, at least the computerized data could be preserved was largely applied. Moreover, by providing it, diverse researchers or specialists can easily access through computerization, not only researchers, but specialists like creators based on tradition and writers can always use it. It received great interest as a very important work creating a basis for research and making a virtuous cycle of the ecosystem of cultural creation.

During such process, the Korean Studies Institute also had the perception that the value of the privately owned documentary heritage needed to be increased. Even for researchers, in contrast to the values that royal data Kyujanggak and Janseogak possess, they did not think that the value of the privately owned documentary heritage was very high. Of course, the data of Kyujanggak and Janseogak are important data that show the best of Korea's documentary culture and there is no difference in opinion whatsoever for that matter. However, privately owned documentary heritage too may have different value depending on the characteristic or access path of that data. Through such value excavation, stressing the preservation need of privately owned documentary heritage and constructing an environment to preserve such data was a part much needed for the operation of the institute. For this, from the method of registering as the designated cultural heritage of the registration of privately owned documentary heritage to a UNESCO MoW, a broad official approval work was conducted.

During this process, the Korean Studies Institute paid attention to the value of the Confucian Printing Woodblocks that were made to publish anthology by the people and conducted value excavation work through collection movements and research. As a result, 718 types and 64,226 Confucian Printing Woodblocks were registered as UNESCO MoW on the 10th October, 2015. To add, in 2016, 550 Korean framed pictures were registered as UNESCO Asia-Pacific region documentary heritage. It meant that the value of privately owned documentary heritage was becoming more broadly recognized abroad than domestically. Based on this, in February 2018, *Maninso* (ten thousand people's petitions) was registered as UNESCO Asia-Pacific Regional Documentary Heritage. To continue, the pursuit of registration at the end of October 2017 as MoW the National Debt Redemption Movement, which was pursued focusing on the National Debt Redemption Movement Memorial Association, also succeeded with 52 archives that the Korean Studies Institute owned also being included here. Thanks to this, the Korean Studies Institute ascended to an institution with 4 types of UNESCO MoW.

The hosting of the KMoW-KC was formed amidst such process. The efforts to excavate value regarding documentary heritage and increase accessibility to the general public has the project purpose befitting the establishment purpose of the Korean Studies Institute, and at the same time, it is also the purpose that the UNESCO MoW Program aims for. Furthermore, the reasons of preserving excellent documentary culture of Korea in the privately owned documentary heritage and desire to globalize this were also important. Due to such reasons, the Korean Studies Institute shares the value of documents with people through the KMoW-KC and by promoting the excellent documentary culture, it seeks to make a basis to pass this down.

Based on such, the Korean Studies Institute was proposed the installation of KMoW-KC from the Education and Research Subcommittee under the IAC in 2016. Having assessed during the review of this proposal that the mission of the MoW-KC substantially matched the mission of Korean Studies Institute, which has as its most important purpose the preservation of privately owned documentary heritage and increase in awareness, on the 8th November of that year, the Agreement Regarding the Establishment of UNESCO MoW-KC was signed with the IAC Education and Research Subcommittee. It meant that it agreed with the installation of a Knowledge Center by country within the Korean Studies Institute, in other words the KMoW-KC. Due to such agreement, from 2017, the Korean Studies Institute prepared the opening of the KMoW-KC by starting detailed tasks one by one and with the opening ceremony on the 1st June, 2018, it was officially launched.

The MoW-KC by country, unlike internationally or regionally, supports the MoW related program of each country. Therefore, it has the primary purpose of increasing the awareness of Koreans regarding KMoW that Korea possesses and sharing its value. Furthermore, it will play the role of increasing the accessibility of the KMoW and promoting the research and education of MoW Program to Koreans. For such reasons, the following contents were specified as important projects of the Korean Studies Institute installed KMoW-KC.

Firstly, it collects all basic data related to KMoW's mission, registration, project and history, and collects data related to all KMoW that includes ancient documents and collection of Republi of Korea registered as MoW and Regional Documentary Heritage. It means projects that share the diverse history, meaning and project of MoW Programs and that can increase the understanding regarding this through diverse data related to MoW.

Secondly, it is the role of providing accessibility regarding basic data related to MoW and helping so that DB development and long-term operation of the data list related to KMoW is possible. It helps so that anyone can easily have access to the information related to MoW through publications or archive constructions and connects related archives and DB construction.

Thirdly, by cooperating with KMoW related NGOs, scholars and documentary heritage related institutions (archive, library and museum etc.), it will also conduct the roles of hosting diverse events or helping with its hosting. This means the role of supporting and helping institutions, people and projects related to MoW.

Fourthly, it will have as an important project the collection of excellent cases such as the preservation, recovery and digitization of documentary heritage for international research and data provision.

Fifthly, this also includes the role of encouraging MoW education process for the students and teachers, developing education data for this and helping the development of data to educate in schools worldwide Korean documentary heritage.

Sixthly, it provides the background for the data and project related to the collected documentary heritage having a synergy effect with the Korean UNESCO World Cultural Heritage (Natural Heritage) and Intangible Cultural Heritage program as well as playing the role of spreading excellent cases worldwide.

4. Activities of KMoW-KC (2018—2019)

Then, how has the Korea Studies Institute defined the role of the KMoW-KC and how is it operating it? As seen before, the purpose of the MoW-KC is clear, and thus the detailed roles of KMoW-KC are also clearly defined. Especially, the MoW-KC by country is focused on the MoW that the country possesses and targets the country's people. On such basis, the role and specific projects of KMoW-KC that the Korean Studies Institute is currently conducting is as follows.

Currently in Republic of Korea, the Knowledge Center by country is only established in the Korean Studies Institute. However, Republic of Korea has 16 MoW being broken up and managed by 15 institutions. In the aspect of the Korean Studies Institute, as they must play the role of "Knowledge Center" regarding KMoW "targeting Koreans", task connection with these 14 institutions is essential and at the same time, cooperation with institutions in charge of MoW related tasks such as the Korean National Commission for UNESCO, Cultural Heritage Administration and UNESCO MoW Asia-Pacific Regional Documentary Heritage Secretariat is also important. For such reasons, currently the Korean Studies Institute is pursuing the signing of MOU with the other 14 institutions first as part of the KMoW-KC project. Through this, it proceeded with MOU that was participated by 10 institutions on the 3rd May, 2018 and currently, a consultative body with 13 institutions participating is being operated. Through this body, a basis to increase the universal accessibility of KMoW and efficiently proceed with diverse promotion and education activity has been made.

On such basis, the Korean Studies Institute started the work of the general public easily finding KMoW. In fact, focusing on the specialists that participated in the MoW registration and people in charge of managing the relics, it published in December 2018 *Korea's Memory of the World* that introduces 16 types of KMoW. Through the first cooperation project, the personnel network is strengthened and preparing a basis for diverse projects in the future, it has become the opportunity to introduce to readers the most complete books related to KMoW. In 2019, focusing on fun stories inside the MoW or during the registration process, it is jointly writing the (tentative name) *Story MoW* that seeks to spread the value of MoW. This book will be later constructed as digital archive and provided so that anyone can easily check the desired information.

The area that KMoW-KC is especially focusing on from 2019 is encouragement of education. For this, first in 2018, by operating the MoW Education Program targeting middle and high school teachers in charge of the actual education, it made a basis for them to lecture MoW in the education site. Starting as a pilot project in 2018, it has settled as a regular program in 2019. In addition, in 2019, targeting contents and creation specialists, it is conducting education and training project regarding KMoW. Through this education and training process targeting creation or planning and contents specialists, it is assessed that the awareness regarding MoW will be increased in the future.

To add, projects targeting middle and high school students to settle the education process are also being conducted. Examples are the Student Video Camp for MoW Promotion that was conducted twice in 2018. After selecting students to attend middle and high schools, videos promoting the meaning and value of Korea's MoW are made for 2 nights 3 days before it is actually broadcast. The students experience the practical affairs of making broadcasting based on deep understanding about MoW. At the time, the 8 works produced by students was actually broadcast. And also in July 2019, the first student camp was conducted and the second one is set to be held in October this year.

Moreover, the work with special meaning this year is including the MoW lecture in a course of a major university. So far applications have been received and the MoW registration application form has been written for 5 school lectures or the projects to support the special lecture teachers as specialists who are in charge of practical affairs is set to start from the second semester. In addition, by exploring places with major MoW and World Heritage, the students attending this course will have their understanding of MoW augmented. On top of this, in the case of middle and high school students, if a special lecture related to MoW is requested to a major event, a project to support the related specialist as a teacher is also being conducted. Through such work, it hopes that by 2020, MoW lectures will be installed and operated focusing on major universities.

With this, as a project to increase the universality of MoW, the "Travelling Exhibition Project" is being planned and will be conducted in earnest from the latter part of 2019. Currently, the MoW that the Korean Studies Institute possesses is Confucian Printing Woodblocks and the space where this is kept is forbidden from access to the general public. Therefore, there needs to be a method to actually touch the Confucian Printing Woodblocks or understand its meaning. For this, the Korean Studies Institute is currently intensively inserting budget and is constructing a system where travelling exhibition is possible after producing a model Confucian Printing Woodblocks where experience and exhibition are possible. Through the exhibition regarding the production process of the Confucian Printing Woodblocks, the public actually experience efforts to preserve the documents and feel its importance is being implemented. Currently, this exhibition is being produced and travelling exhibition is set to occur at the end of this year.

Finally, not limited to MoW, but it also plays the role of MoW providing the background of making synergy effect with UNESCO World Cultural Heritage and Intangible Cultural Heritage program of Republic of Korea and spreading excellent cases all around the world. In fact, there are many cases where KMoW has direct relations with Cultural Heritage and Intangible Cultural Heritage. Andong that the Korean Studies Institute possesses is the city of cultural heritage that possesses UNESCO World Cultural Heritage of Hahoe Village, Korea's Sansa-Bongjeongsa and Korea's Seowon-Dosan Seowon and Byeongsan Seowon. The World Heritage Hahoe Village has diverse documentary and intangible heritage. The reason Hahoe Village can be a world cultural heritage is because the intangible cultures are integrated with the documents they possess. The Confucian Printing Woodblocks donated from Hahoe Village was registered to the UNESCO MoW and the framed picture hanging in the houses are UNESCO Asia Pacific Regional Documentary Heritage. Moreover, the Hahoe Mask dance's registration is being pursued in the UNESCO World Intangible Cultural Heritage. Also, Korea's Confucian Printing Woodblocks is registered as MoW and the process of engraving this and printing this in a traditional method and then making it into a book was registered as a UNESCO World Intangible Cultural Heritage. Therefore, the Korean Studies Institute currently is in a joint academic research and exchange cooperation relationship with China's Yangzhou Typeset Printing Museum, which possesses China's traditional engraving and bookbinding heritage.

Sufficiently considering such aspect, the KMoW-KC is connecting with diverse projects by finding parts that can make synergy effect having connected with Korea's cultural heritage and intangible cultural heritage program. Especially, the value that the cultural heritage and intangible cultural heritage possesses must be increased through the documentary heritage and by making specific methods to find document value from cultural heritage and intangible cultural heritage, it is being connected to education and student camps. Through this, it is securing the unique aspects that KMoW possesses and operating the programs that share its value with the world.

5. Conclusion

Aforementioned, the UNESCO MoW Program is currently experiencing an important transition period. It is because unlike the expectations and purpose when the MoW Program started, there is international conflict based on some documentary heritage. During such process, the MoW-KC that emphasizes the role after registration may have its role increased further. By sharing the value of documentary heritage and increasing accessibility regarding this, it can make possible international solidarity through the value of documenting that the human race possesses. With the purpose of the MoW Program, which has stressed the co-prosperity of the human race through documentary heritage, being operated centering on registration, it is true that there has been some conflicts. Seen in such perspective, the MoW-KC that stresses the sharing of value of documentary heritage and common application may become a specific method to achieve what is aimed for through the UNESCO MoW Program. In such perspective, it is assessed that the role of the KMoW-KC for common application efforts rather than registration will become very important.

On such basis, the KMoW-KC is striving to play an important role of sharing with the people high quality documentary culture that Republic of Korea possesses and passing down such documentary culture. Although it is not a national system and it is not a legal system, excavating the value of "privately owned documentary heritage" that tried to document and preserve everything and sharing this is very meaningful in such aspect. In particular, the efforts to increase the accessibility regarding KMoW and sharing its value have the same direction that UNESCO and the MoW Program aims for. In such aspect, the role of "KMoW-KC" that has only just begun has a very important meaning in terms of the Korean Studies Institute and may also have an important contribution to the UNESCO MoW Program that is facing a transition period.

Memory of the World:
Some Aspects of its Further Development

Lothar Jordan

Deputy Director General, dear Mr Wang Shaozhong, dear Wang Yang, dear Directors of the Memory of the World Knowledge Centres, dear Dean Zhang Bin, dear Ray Edmondson, dear Colleagues,

This is my third visit to Suzhou, and I thank the NAAC and the Suzhou Silk Archives for this invitation.

In November 2016, after the opening of the the first Memory of the World Knowledge Centre in Macau, I could take part in the Seminar on UNESCO Memory of the World Program & The Development of Archives Work, hosted by the National Archives Administralion of China and organized by the Suzhou Municipal Archives Bureau, 22–26 November 2016. I got insight into the Archives of Suzhou Silk that we recommended for inscription into the MoW International Register in 2017. The seminar 2016 strengthened the reflection on MoW and the Documentary Heritage and was a step forward towards the expansion of the network of MoW Knowledge Centres. After Beijing 2017 three more MoW Knowledge Centres were created in 2018: Andong (Republic of Korea), Fuzhou and, on the 10th of November 2018, the MoW Knowledge Suzhou. And now, less than a year later, representatives of all five MoW Knowledge Centres and other experts come together in Suzhou to reflect possibilities to further develop their cooperation and the whole MoW Programme. And that—like the old and new silk routes—brings together East and West, ancient and new times, documentary heritage and digitization.

Before we start this seminar and this meeting today, I want to reflect a choice of aspects of the development of MoW, especially under aspect of education and research, as this is my main interest and my responsibility.

The political context of MoW has a bright and side. The UNESCO *Recommendation Concerning the Preservation of, and Access to, Documentary Heritage Including in Digital Form* (2015) will strengthen the work of MoW and of archives, libraries and other memory institutions. But as the top expert on the Recommendation, Ray Edmondson is here, I am not going to speak about this. The not so bright side are the discussions on nominations and regroup items, that generated an extended discussion at UNESCO. ①

The prospects for education and research related to MoW are more friendly and seem all and all more positive. I have a great hope for the cooperation of experts, nationally and internationally. Not only the participants of this seminar give evidence of this, but the wishes of the

---

① The background are what the historian of Republic of Korea Kyung-ho Suh in an article calls History Wars in the Memory of the World: The Documents of the Nanjing Massacre and the Comfort Women, in R. Edmondson, L. Jordan, A. C. Prodan (eds.): *The UNESCO Memory of the World Programme: Key Aspects and Recent Developments*. Cham, Switzerland: Springer, 2019: 91-107.

hosts of this meeting to expand international cooperation on MoW. We share these wishes.

There are manifold ways to expand our activities and to improve the knowledge on MoW and the documentary heritage. Let me choose some today.

We have to bring MoW into all forms of education and research, from schools to universities, and including the further education of professionals. This can be done by the development of curricula, seminars, and the organization of meetings and conferences.

A traditional, but in the long run, effective way will be to publish books and articles related to MoW. I want to mention here the first academic anthology that is to come out very soon: *The UNESCO Memory of the World Programme: Key Aspects and Recent Developments*. Two thirds of its authors are members of the MoW Sub-Committee on Education and Research (SCEaR) or Corresponding Members of the SCEaR. Our book wants to give an introduction into the MoW Programme, looks for synergies between the different UNESCO Heritage Programmes and give some inspirations for further research. While we hope and think that this book is a progress for MoW, we should consider that it is only one book! We need many more, on the national and international level. Therefores the participants of this meeting are asked to consider how they could help to provide more publications on MoW, so that a real scholarly national and international discussion can go on. And that is true for doctoral dissertations and Master theses, in whatever disciplines, Archival Studies, Library Sciences, History, and so on. We even cannot be sure yet that we have captured all such works bibliographically.

The same efforts should be made for schools, teachers and students. The SCEaR Working Group Schools prepares a *Teachers's Guide: Memory of the World School Kit*, that is to be published by UNESCO electronically. It introduces teaching MoW and its International Register, starting with three school disciplines: Literature and Language; History and Arts. It is planned to be improved from edition to edition, taking into regard reactions form its readers, teachers, educators, school students and bringing in more and more best-practice examples from schools of all regions: Why not from High School No. 10 here in Suzhou?

UNESCO will make use of the Internet for the distribution of our MoW School Kit. And that is another great subject, the use of the Internet for MoW and the Documentary Heritage. Just 4 weeks ago, in the International Conference on the Digitalization of Cultural Heritage and on Digital Humanities in Dunhuang, co-hosted by the Memory of the World Knowledge Center—Beijing, I could see once more how high the expectations and how strong the research efforts in China (not only here, of course) are to improve modern Communcation and Information Technologies for the benefit heritage, in our case of MoW. But as the Internet is an open system, open to all in the world, and could be used by all, men and women from all regions, it is not an easy task to see what information, what explanation they need to understand the local and national documents in their contexts and specific significance, often based on traditions that are different from those of the users.

So digitizing documents and mediating them on the Internet is not just a technical endeavour. It needs well-reflected information and commentaries for a world-wide audience. The use of this medium, the Internet, requires now forms of scholarship and of cooperation, nationally and internationally, and interdisciplinary.

In the frame of Memory of the World and the use of the Internet for it, we will need more cooperations between the memory institutions (archives, libraries, and museums) and the academic world. To make use of the potential of the documents that now are visible worldwide, we need a better and a new understanding of "access". In generals the users of such digitizing and web projects do not care whether archives, libraries, museums, university deapartments or research institutes are responsible for them. They just expect a certain technical standard and a high quality of content. In many cases it will not be enough just to present the documents online. The professional users, students included, expect informations that are up to the state-of-the-art of scholarship. The apparatus, including the commentaries, will make up substantially the quality of digital editions, from single documents to complete works or collections. The possibilities of the Internet to link to further relevant sources and information, to open up the interdisciplinary potential of documents and to incorporate the permanent growth of knowledge, will attract more and more researchers and users. Such apparatus may look quite different under the requirements of users that can come from different regions, cultures, religions and different disciplines. In the MoW registers we can find a great variety of significant documents that should be interesting for users from all over the world, and thus will generate the requirements just mentioned.

The memory institutions safeguard the documents and want to make them accessible as good as possible for potential and for real users. And the users with scientific, scholarly or educational interests want an access as best as possible. The interests of these parties can be connected under the umbrella of a new technology.

Memory of the World points to the significance of documents and to significant documents. It shares interests with the memory institutions and with those researchers and educators for whom documents are indispensible or at least very important for their work. Memory of the World is a pioneer on this field, and it is ready to be apartner for all who work on the documentary heritage, and who are and will very often pioneers, too.

Another challenging question is the relation between documents and history, evidence and interpretation. It is a claim of the programme that neither UNESCO nor the registers make judgements on history. But the selection of documents for the registers is not possible without an understanding description of the content. Therefores one often needs to tell a story: Hardly any significant document without a narrative, and no significance of a document or collection of documents without a narrative, too. A part of the narrative is in the document, but other parts are not. They are in the cultural, political, scientific, etc. contexts of the events or actions that the documents inform about. So for bigger digitizing projects, e. g. in the context of the MoW Register, we will need cooperations between archivists and librarians on the one side and academic historians (historians from different fields).

This was just a choice of—in my eyes—important questions. I am sure, more will come up in this seminar.

I am happy that I can be a part of this seminar, and of the movement towards a better understanding and a better international mediation of the documentary heritage, a movement that we can try to design together.

后　记

金秋十月，丹桂飘香。这是一个美丽的季节，也是一个收获的季节。《发展中的世界记忆》也将画上圆满的句号。

2019年8月，"发展中的世界记忆"国际学术研讨会在苏州举行，与会专家、学者围绕主题发表了真知灼见，参加者获益良多。此次会议的成功召开为我们提供了促进世界记忆项目发展的新思路，搭建了世界记忆学术中心新的交流平台。会后，我们积极践行研讨会上专家们分享的经验，大胆创新，努力实践，取得了一个个可喜的成绩。

一年来，围绕世界记忆，我们解放思想、独辟蹊径，公开出版了国内首套面向青少年的档案类读本——"我是档案迷"丛书，创新设计出兰兰、台台两个丝绸档案的形象代言人，将档案文献遗产知识和丝绸知识融入姐弟俩一系列的探险活动中，通过漫画、游戏等多样化的方式带领读者穿梭古今、嬉游兰台，受到了档案界同行和普通大众的广泛好评。

在推动世界记忆文献遗产与文化遗产、非物质文化遗产协同发展领域，我们也进行了一些有益的探索。比如，与苏州市园林和绿化管理局合作，携手举办"开放与繁荣——探寻丝绸档案、苏州园林两大遗产中的开放精神专题展"，将世界文献遗产苏州丝绸档案与世界文化遗产苏州古典园林以及非物质文化遗产丝绸织造技艺巧妙结合，通过展览持续推动遗产的后续传播和开发，也为三大遗产的融合、推广提供了一些新的思路。

本书是苏州档案部门在发展世界记忆文献遗产方面取得的又一成果，汇集了"发展中的世界记忆"国际学术研讨会上的交流论文，凝结了专家们在保护、研究、利用世界记忆文献遗产方面的先进经验。将之出版，有助于进一步促进各国世界记忆项目的发展，推动人类文明的进步。

在编校过程中，我们查阅了大量资料，积极向专家请教，学到了很多文献遗产保护方面的专业知识。同时，我们也愈加真切地感受到保护、传承文献遗产的工作任重道远，我们对这些优秀的文献遗产关注得还太少，研究得更加少。历经沧桑岁月的文献遗产饱含先辈们的智慧，凝结了一代代人的心血，我们有责任保护、传承好每一份世界瑰宝。

本书的出版得到了来自联合国教科文组织世界记忆项目国际咨询委员会、中国国家档案局、世界记忆学术中心、国内知名院校以及收藏文献遗产的档案馆、图书馆和博物馆的众多专家们的支持与鼓励，在此一并致以诚挚的谢意。囿于学识和时间，本书疏漏之处在所难免，敬请读者不吝赐教。

苏州市工商档案管理中心、
世界记忆项目苏州学术中心
2020 年 10 月